Thürling/Pragst · Die mündliche Zivilrechtsprüfung im Assessorexamen

Die mündliche Zivilrechtsprüfung im Assessorexamen

14 Prüfungsgespräche

von

Julia Thürling
Richterin am Amtsgericht, Berlin

und

Robert Pragst
RiAG a.w.a.Ri., Berlin

2., neu bearbeitete und erweiterte Auflage

 C.F. Müller

Julia Thürling ist seit Anfang 2015 Richterin in Berlin. Beide Staatsprüfungen bestand sie mit der Note „gut"; das Zweite Staatsexamen schloss sie als Beste ihrer Prüfungskampagne der Länder Berlin und Brandenburg ab.

Robert Pragst war lange Jahre Prüfer im Mündlichen Zweiten Staatsexamen. Er ist Referendararbeitsgemeinschaftsleiter seit mehr als 10 Jahren. Am Amtsgericht Lichtenberg ist er als weiter aufsichtsführender Richter u.a. für die Aus- und Fortbildung zuständig. Zum Thema Berufseinstieg für Staatsanwälte bzw. Richter hat er die Bücher „Verurteilt" und „Auf Bewährung" geschrieben.

Bibliografische Information der Deutschen Nationalbibliothek
Die Deutsche Nationalbibliothek verzeichnet diese Publikation in der Deutschen Nationalbibliografie; detaillierte bibliografische Daten sind im Internet über <http://dnb.d-nb.de> abrufbar.

ISBN 978-3-8114-5319-7

E-Mail: kundenservice@cfmueller.de
Telefon: +49 6221/1859-599
Telefax: +49 6221/1859-598

www.cfmueller.de
www.cfmueller-campus.de

© 2021 C.F. Müller GmbH, Waldhofer Straße 100, 69123 Heidelberg

Satz: preXtension, Grafrath
Druck: Westermann Druck, Zwickau

Vorwort

Das vorliegende Buch enthält 14 Prüfungsgespräche aus dem Bereich des Zivilrechts, die eine mündliche Prüfung realitätsnah simulieren, allerdings mit der Besonderheit, dass der fiktive Kandidat sich häufig durch überdurchschnittlich gute Antworten auszeichnet. Dies ist allein didaktischen Erwägungen geschuldet. Der fiktive Kandidat ist jedoch keineswegs allwissend. Ist er unsicher oder auf der falschen Fährte, gibt der Prüfer Hilfestellungen – so wie in der tatsächlichen mündlichen Prüfung. Die weit überwiegende Zahl der Prüfer wird den Prüflingen in der Realität sehr wohlwollend gegenübertreten.

Die Gespräche vermitteln vor allem einen Eindruck von typischen Gesprächssituationen. In der Praxis können Prüfungsgespräche im Einzelfall ganz unterschiedlich verlaufen, je nach den persönlichen Vorlieben des Prüfers. Im Regelfall wird jedoch zum Einstieg ein Fall geschildert, der dem Prüfer zum Beispiel in seiner Praxis oder beim Korrigieren von Klausuren aus der aktuellen Kampagne begegnet ist (erkundigen Sie sich deshalb bei Kollegen, welche Themen in den Examensklausuren behandelt wurden, als Sie in Ihrer Wahlstation waren). Im Laufe des Gesprächs wird dann der Fall weiter entwickelt oder abgewandelt. Aus dem Gespräch ergeben sich häufig weitere Fragen des Prüfers.

Deshalb dienen die Gespräche nicht primär der *Wissensvermittlung*, solide Grundkenntnisse werden vielmehr vorausgesetzt. Ein erwünschter Nebeneffekt ist jedoch die *Wiederholung* und *Vertiefung* von Wissen; vielleicht werden Sie angeregt, sich mit bestimmten Themen noch einmal auseinander zu setzen. Der optimale Zeitpunkt zum Durcharbeiten des Buches ist deshalb die direkte Vorbereitung auf die schriftliche oder mündliche Prüfung, wenn Sie sich auf Ihrem „Wissenshöhepunkt" befinden.

Die Gespräche decken die – aus Sicht der Autoren – wichtigsten Themen aus den Bereichen des materiellen Rechts und des Prozessrechts ab, die in mündlichen Prüfungen im Zweiten Staatsexamen immer wieder vorkommen. Die Themen wurden dabei nach Examensrelevanz ausgesucht, d.h. es ist gewollt, dass manche Themen mehrfach auftauchen und andere fast gänzlich ausgespart werden, wie etwa Sachenrecht und Zwangsvollstreckungsrecht. Fälle aus diesen Rechtsgebieten beinhalten regelmäßig komplexe Sachverhalte, die sich nicht für eine mündliche Prüfung eignen.

Die Fälle behandeln zum Teil Probleme aus der jüngeren Rechtsprechung bzw. Literatur und zum Teil klassische, immer wiederkehrende juristische Fragestellungen. Alle Fälle sind so gewählt, dass juristisches Argumentationsvermögen, Methodik und solide Grundlagenkenntnis geprüft werden können. Jedes der Prüfungsgespräche enthält sowohl leichtere als auch schwierigere Fragen. Letztere sind oftmals daran zu erkennen, dass auch unser fiktiver Kandidat nicht weiter weiß und der Prüfer Hilfestellungen gibt.

Das Buch kann auf zwei Arten durchgearbeitet werden:

- In einer privaten Lerngruppe werden die Gespräche simuliert, wobei jeder mal die Rolle des Prüfers und die des Kandidaten einnimmt. Alternative Lösungen können hier direkt gemeinsam diskutiert werden.
- Wer lieber allein lernt, dem sei geraten, zunächst die Antworten abzudecken und selbst zu versuchen, die Fragen zu beantworten. Dies ist wesentlich effektiver, als direkt die Antworten zu lesen.

Die Fälle bauen in gewisser Weise aufeinander auf. Fragen aus früheren Gesprächen tauchen in späteren Fällen nicht mehr auf, auch wenn sie sich thematisch angeboten hätten. Deswegen wird empfohlen, die Gespräche möglichst der Reihe nach durchzuarbeiten. Es ist aber auch möglich, zielgerichtet einen Fall zu einem bestimmten Thema herauszugreifen, da die einzelnen Fälle selbstständig und in sich geschlossen sind.

Wenn Sie bei bestimmten Themen noch Unsicherheiten zeigen, sollten Sie die Vertiefungshinweise zur Nacharbeit nutzen. In jedem Fall sollten Sie genannte Rechtsnormen aufschlagen und lesen. Zur Vertiefung sind vor allem Aufsätze angeführt, da diese in ihrer komprimierten Form bestens zur schnellen Wiederholung eines Themas geeignet sind und eine abwechslungsreiche Alternative zum klassischen Lehrbuch darstellen.

Berlin, im Februar 2021
Julia Thürling
Robert Pragst

Inhaltsverzeichnis

Fall 1
Die verlorene Handtasche

Materielles Recht:	Gesetzliche Schuldverhältnisse (Eigentümer-Besitzer-Verhältnis, Fund, Deliktsrecht, Anwartschaftsrecht, Haftungsmaßstab)
Prozessrecht:	Streitgenossenschaft, Zuständigkeit, prozesstaktische Erwägungen aus Klägersicht

Fall zum Einstieg. Punkte mitschreiben.

Prüfer: *Sie sind zugelassener Rechtsanwalt.*

Wimmer betritt aufgeregt ihre Kanzleiräume anlässlich einer Erstberatung und berichtet von folgendem Vorgang:

Vor drei Monaten hatte er im Gesundbrunnen-Center in Berlin-Wedding in der Tiefgarage geparkt. Im Erdgeschoss kaufte er sich bei der „Asia-Imbiss-GmbH" etwas zu essen, bezahlte und ließ dabei seine schwarze Handtasche am Tresen liegen. Darin befand sich neben dem Personalausweis sein iPhone, dass er vor zwei Jahren neu für 600 € von der Deutschen Telekom AG unter Eigentumsvorbehalt erworben hatte. Von den 36 Monatsraten sind noch 12 Raten offen.

5 Minuten nach Verlassen des Imbiss bemerkte Herr Wimmer in der Tiefgarage das Fehlen der Tasche und erinnerte sich sofort daran, dass er sie auf dem Tresen liegen gelassen hatte. Er eilte sofort zurück. Die Angestellte Frau Ming erklärte ihm auf Nachfrage, dass sie die Tasche gefunden und dann hochgehalten habe. Dabei habe sie gefragt, wem die Tasche gehöre. Zwei Frauen hätten sich daraufhin gemeldet, die Tasche genommen und seien verschwunden. Herr Wimmer holte einen Polizeibeamten, demgegenüber Frau Ming ihre Aussage wiederholte. Konkrete Einzelheiten zum Aussehen der Frauen konnte sie nicht machen.

Nachdem das Strafverfahren gegen die unbekannten Frauen und gegen Frau Ming (Letzteres mangels Vorsatz) eingestellt wurden, begab sich Herr Wimmer in den Asia-Imbiss und verlangte von Frau Ming Schadensersatz. Diese stritt nunmehr ab, eine Handtasche gefunden zu haben. Herr Wimmer ist von Frau Ming (die im Zuständigkeitsbereich des Amtsgerichts Charlottenburg wohnt) schwer enttäuscht und findet, dass sie Schadenersatz leisten müsste. Er wünscht erstmal nur eine umfassende Beratung bzgl. des weiteren Vorgehens. Das Gesundbrunnen-Center befindet sich im Sprengel des Amtsgerichts Wedding.

Wie gehen Sie den Fall an?

1

Kandidat 1:	Zunächst ist das Mandantenziel zu ermitteln. Dabei sind nicht nur Schadensersatzansprüche gegen Frau Ming sondern auch solche gegen die „Asia-Imbiss" GmbH zu prüfen. Der Mandant ist zwar insbesondere über Frau Ming verärgert, hat jedoch Ansprüche gegen die GmbH nicht ausgeschlossen.
Prüfer:	Richtig.[1] Warum ist auch die Prüfung von Ansprüchen gegen die Asia GmbH von besonderer Bedeutung?
Kandidat 2:	Die Geltendmachung von Ansprüchen gegen die GmbH könnte insbesondere den wirtschaftlichen Vorteil bieten, dass diese Ansprüche eher realisiert werden können, als gegen eine einfache Angestellte, deren Einkommen die Pfändungsfreigrenzen nicht überschreitet.
Prüfer:	Ganz genau. Gut gesehen.[2] Fangen wir mit Ansprüchen gegen Frau Ming an. Wie sieht es denn da aus?
Kandidat 3:	Es könnte ein deliktischer Anspruch bestehen …
Prüfer:	Das ist zutreffend, jedoch würde ich gern in der Prüfungsreihenfolge Vertrag, Vertrauen, Gesetz bleiben. Gibt es vertragliche Ansprüche?[3]
Kandidat 3:	Ein vertraglicher Anspruch gegen Frau Ming dürfte ausscheiden, da Herr Wimmer lediglich ein Bewirtungsvertrag mit der „Asia-Imbiss" GmbH geschlossen hat. Der Arbeitsvertrag von Frau Ming dürfte keinen Vertrag mit Schutzwirkung zu Gunsten der jeweiligen Kunden darstellen, zumal diese eigene vertragliche Ansprüche gegen die GmbH haben können. Auch Ansprüche aus Vertrauenstatbeständen sind nicht ersichtlich.
Prüfer:	Das stimmt. Wie sieht es mit gesetzlichen Ansprüchen aus?
Kandidat 4:	Hier wäre nun ein Anspruch aus § 823 Abs. 1 BGB zu prüfen …

---

1 Als Prüfer sollte man Antworten, die gut/weiterführend sind, dies auch immer kurz zum Ausdruck bringen, um eine positive Leistungsatmosphäre zu schaffen. Nicht jedem Prüfer gelingt dies. Auch der Prüfer steht unter Stress (z. B. Zeitdruck bei der Entwicklung seines Falles, Anspannung etc.) Ziehen Sie daher aus fehlendem positivem Feedback in der Prüfungssituation keine negativen Schlüsse! Sie sind unnötig und könnten Sie blockieren.

2 Kandidatin 2 geht mit 3,7 Punkten in die mündliche Prüfung und steht unter einer enormen psychischen Belastung. Gerade hier gilt das in Rn. 1 gesagte und ist wichtig (vielleicht auch durch die Auswahl der Frage) der Kandidatin einen positiven Start zu ermöglichen, damit sie überhaupt ihr Leistungsvermögen abrufen kann. Aus meiner Erfahrung haben aber nicht alle Prüfer dieses „Fingerspitzengefühl" und starten durchaus auch bei diesen Kandidaten mit schweren Fragen. Bleiben Sie aber positiv gestimmt! Aus eigenen Erfahrungen in vielen Prüfungskommissionen kann ich ohne weiteres ableiten, dass auch die Prüfer einen positiven Verlauf/gutes Gelingen der Prüfung wünschen, auch wenn die Gesprächsführung und das Feedback dies manchmal nicht unmittelbar wiederspiegeln.

3 Die Antwort war nicht falsch, aber der Prüfer wollte vorab noch andere Anspruchsgrundlagen prüfen. Auch sein Fall ist in gewisser Weise auf Einzelprobleme zugeschnitten und mit entsprechenden Einzelfragen für die Punkte versehen. Deshalb sollte eine entsprechend Äußerung des Prüfers keinesfalls negativ verstanden werden.

Prüfer:	Sehen Sie noch speziellere Schuldverhältnisse, die vorrangig geprüft werde könnten?
Kandidat 4:	Es könnte über einen Anspruch aus §§ 989, 990 BGB nachgedacht werden. Ein solcher Anspruch dürfte mangels Vorliegen eines Eigentümer-Besitzer-Verhältnisses ebenfalls ausscheiden. Die Angestellte Frau Ming stellt lediglich eine Besitzdienerin gemäß § 855 BGB dar. Als Besitzer kommt somit nur die GmbH in Betracht.
Prüfer:	Sehr gut. Kommt noch ein weiteres gesetzliches Schuldverhältnis in Betracht? Frau Ming hat die Tasche doch irgendwie „gefunden".
Kandidat 1:	Vielleicht das Fundverhältnis nach §§ 965 ff. BGB?
Prüfer:	Sehr richtig. Und?
Kandidat 1:	Ansprüche aus §§ 965 ff. i.V.m. § 280 Abs. 1 BGB scheiden ebenfalls aus, da kein gesetzliches Fundverhältnis entstanden ist. Die Handtasche war nicht herrenlos. Hinsichtlich der Gewahrsamsverhältnisse ist auf die tatsächliche Sachherrschaft nach den Anschauungen des täglichen Lebens abzustellen. Danach war der Imbissinhaber (Asia GmbH) mit seinem generellen Herrschaftswillen oder sogar noch Herr Wimmer, der sich nur kurz entfernt hatte und dem der Ort der Handtasche sogleich erinnerlich war, Gewahrsamsinhaber.
Prüfer:	Das sehe ich ganz genauso. Bleibt also der § 823 Abs. 1 BGB. Besteht denn danach ein Anspruch gegen Frau Ming?
Kandidat 2:	Als sonstiges Recht ist das Anwartschaftsrecht an dem iPhone im Rahmen des § 823 Abs. 1 BGB allgemein anerkannt. Mit der Herausgabe an die unbekannten Frauen dürfte Frau Ming eine zurechenbare rechtswidrige Ursache für den Schaden gesetzt haben. Zwar bestreitet sie den Vorwurf, jedoch dürfte im Rahmen der Beweisprognose der Polizeibeamte als neutraler Zeuge eine Überzeugung beim Gericht vermitteln können. Das Handeln dürfte fahrlässig und damit schuldhaft erfolgt sein. Irgendeine Art Legitimationsprüfung hätte durchgeführt werden müssen.
Prüfer:	Haftet Frau Ming denn für jede Form der Fahrlässigkeit?[4]
Kandidat 4:	Zwar liegt kein Fundverhältnis vor. Aufgrund der altruistischen Handlungsweise der Frau Ming könnte jedoch der gemilderte Haftungsmaßstab des § 968 BGB für den „Scheinfinder" analog geltend.

---

4 Dieser Frage misst der Prüfer einen erheblichen Schwierigkeitsgrad zu. Er kann die Frage einem bestimmten Kandidaten stellen und eine längere Überlegungspause/falsche Antwort riskieren. Beides hilft dem jeweiligen Kandidaten nicht weiter und die wertvolle Zeit verrinnt, ohne dass ein Kandidat punktet. Hier stellt er die Frage offen und beobachtet, welcher Kandidat mit direktem Blickkontakt signalisiert, dass er antworten möchte.

Prüfer:	Sehr guter Einfall. Was versteht man denn unter grober Fahrlässigkeit?
Kandidat 3:[5]	Wenn Sorgfaltspflichten verletzt werden, die jedermann einleuchten müssen.
Prüfer:	Und liegt grobe Fahrlässigkeit vor?
Kandidat 3:	Irgendeine Art Legitimationsprüfung durchzuführen und dazu mal nach dem Inhalt der Tasche zu fragen, muss jedem einleuchten.
Prüfer:	Gut. Könnte dem Anspruch sonst noch etwas entgegenstehen?
Kandidat 1:	Es steht auch ein Mitverschulden des Herrn Wimmer gem. § 254 BGB im Raum, der durch das Liegenlassen eine Mitursache gesetzt hat.
Prüfer:	Und würden Sie den Anspruch kürzen?
Kandidat 1:	Vielleicht um 50 %?
Prüfer:	Halte ich für gut vertretbar. Wie sieht es denn mit Ansprüchen gegen die Asia GmbH aus?
Kandidat 2:	Ein vertraglicher Anspruch dürfte sich aus dem Bewirtungsvertrag als gemischten Vertrag mit Schwerpunkt im Werklieferungsvertrag gem. §§ 241, 651a, 280 Abs. 1 BGB wegen Nebenpflichtverletzung ergeben. Zumindest beim Auffinden entstehen besondere Obhutspflichten.
Prüfer:	Gut vertretbar. Kommen noch weitere Anspruchsgrundlagen in Betracht?
Kandidat 2:	Darüber hinaus kommt ein Anspruch aus § 831 BGB wegen fehlender Belehrung der Verrichtungsgehilfin in Betracht.
Prüfer:	Gut, dann gibt es also nach unserer Lösung gegen Frau Ming und die Asia GmbH Ansprüche. Bei Frau Ming ist vielleicht wirtschaftlich nichts zu holen und möglicherweise ist der Anspruch ihr gegenüber nach Ansicht des zuständigen Gerichts analog § 968 BGB ausgeschlossen. Das Gericht kann das mit der groben Fahrlässigkeit schließlich auch anders beurteilen. Beide Ansprüche könnten gem. § 254 BGB hälftig zu kürzen sein. Welche Schritte leiten Sie ein?
Kandidat 3:	Es sollte aufgrund der wirtschaftlichen Prognose in jedem Falle die Asia-Imbiss GmbH verklagt werden. Ein Abzug von Mitverschulden sollte nicht erfolgen, da insofern gute Chancen bestehen, dass das Gericht keine Kürzung gem. § 254 BGB vornimmt.

Handschriftliche Notiz am Rand: § 650 BGB ?

---

5   Der Prüfer beachtet natürlich, dass durch die offene Fragestellung andere Kandidaten trotzdem in gleicher Häufigkeit ihre Antwortmöglichkeit erhalten. Jetzt ist Kandidat 3 und danach Kandidat 1 dran. Kandidat 4 hat (vorgezogen) seine Frage in dieser Runde bereits beantwortet.

Prüfer:	Finde ich vom Ausgangspunkt her richtig. Ob und inwieweit das Gericht eine Kürzung vornimmt, kann letztlich nicht genau vorausgesagt werden. Der Mandant kann über das Kostenrisiko bei höherem Streitwert und einer drohenden Verlustquote belehrt werden. Aber sollte nicht auch Frau Ming verklagt werden?
Kandidat 4:	Ja. Es könnte zwar zu einer Klageabweisung wegen § 968 BGB analog kommen. Auch ist insofern die wirtschaftliche Realisierung der Forderung fraglich und es entstehen weitere Kostenrisiken, insbesondere wenn sie einen weiteren Rechtsanwalt mandatiert. Jedoch können beide Beklagte beim Amtsgericht Wedding im Gerichtsstand des § 32 ZPO verklagt werden. Vertragliche Ansprüche sind aufgrund des einheitlichen Streitgegenstandes insofern mit zu prüfen. Das ergibt sich aus § 17 Abs. 2 S. 1 GVG. Daher entstehen die Gerichtsgebühren auf Klägerseite nur einmal und es kommt nicht zu einer Erhöhung des Gebührenstreitwertes.
Prüfer:	Die Klage gegen beide als Gesamtschuldner scheint tatsächlich der beste Weg zu sein. Sieht jemand noch einen weiteren Vorteil?
Kandidat 4:	Außerdem kann so verhindert werden, dass Frau Ming als Zeugin im Prozess mit der GmbH aussagt, wodurch sich die Prozessrisiken bzgl. der Beweisaufnahme verbessern könnten. Daher stellt die Klage gegen beide Beklagte den deutlich sicheren Weg dar. Das leicht erhöhte Prozesskostenrisiko muss demgegenüber zurücktreten.
Prüfer:	Das lässt sich hören. Letzte Frage Von den Raten an die Telekom AG sind erst 2/3 gezahlt. Kann der Mandant trotzdem den gesamten Schaden einklagen?
Kandidat 1:	Solange der Mandant seine Raten zahlt, sollte er den Schaden von Sinn und Zweck des Schadensrechts voll geltend machen können.[6]
Prüfer:	Das ist sehr gut vertretbar. Angenommen, die Rechtslage ist in diesem Punkt unklar. Vielleicht muss auch die Telekom AG klagen oder Leistung an die Telekom AG verlangt werden. Was könnte dem Mandanten geraten werden?
Kandidat 2:	Er könnte sich den Anspruch der Telekom AG vorsorglich abtreten lassen.
Prüfer:	Das ist eine überzeugende Antwort.[7] Vielen Dank an alle Kandidaten.[8]

---

6 Str., offengelassen von BGHZ 55, 20 ob ein Fall der Gesamtgläubigerschaft nach § 432 BGB mit gesetzlicher Prozessstandschaft besteht.

7 Häufig findet sich in den allgemeinen Geschäftsbedingungen eine Einziehungsermächtigung im eigenen Namen o.ä.

8 Jeder Prüfling schaut am Ende eines Prüfungsblocks die Prüfer unwillkürlich an und versucht abzuschätzen, wie seine Leistung bewertet wird. Auch hier hilft im aufmunternder Blick/Lächeln/Nicken, um den Prüfungskandidaten ein wenig die (eher leistungshemmende und blockierende) Angst zu nehmen. Umgekehrt sollte der Kandidat einen ernsten oder gereizten Gesichtsausdruck aufgrund der schon geschilderten Situation des Prüfers nicht überbewerten.

Vertiefungshinweise

EBV beim Besitzdiener:	BGHZ 8, 130 – Platzanweiserin im Kino
Haftungsmaßstab beim „Scheinfinder":	LG Frankfurt NJW 1956, 873 f.; *Oechsler* in Mü/Ko, 8. Aufl., 2020, § 968 Rn. 2
Gewahrsamsverhältnisse im Einkaufscenter:	KG Berlin NJW-RR 2007, 239–241

Fall 2
„Feindliches Grün"

Materielles Recht:	StVG (Verkehrsunfall mit Halter- und Fahrerhaftung, §§ 9 und 17 StVG, Helmtragungspflicht für Fahrradfahrer, Beweislast)
Prozessrecht:	Streitgenössische Drittwiderklage, Zeugenstellung, prozesstaktische Erwägungen aus Beklagtensicht

Prüfer:	*Sie sind zugelassener Rechtsanwalt. Herr A betritt aufgeregt Ihre Kanzleiräume, legt eine Klageschrift vor und berichtet von folgendem Vorgang:*
	A sei mit seinem Fahrzeug (BMW) mit einem von B gefahrenen Mercedes auf der Kreuzung X zusammengestoßen. Er hatte einen Kollegen D als Beifahrer und wollte an der Kreuzung links abbiegen (es existiert eine Linksabbiegerampel). B befand sich im Gegenverkehr und sein Beifahrer war C, der Autoeigentümer. Die Versicherung von A regulierte 50 % gegenüber C. C klagt jedoch den restlichen Sachschaden ein und geht von 100 % Haftung des A aus. C benennt seine Ehefrau B (die Fahrerin) als Zeugin dafür, dass der Mercedes Grün gehabt habe, als er in die Kreuzung eingefahren sei. Neutrale Zeugen gibt es (außer dem Kollegen D – Beifahrer von A) nicht. Auch ein Unfallrekonstruktionsgutachten kann keinen Aufschluss über die Ampelschaltung zum Unfallzeitpunkt geben. A hat von der Gegenseite für den Schaden an seinem Fahrzeug noch nichts erhalten und fragt, wie er nun auf die Klage des B reagieren soll.
Kandidat 1:	Zunächst ist das Mandantenziel zu ermittelnEs geht um die Abwehr der (weiteren) gegnerischen Ansprüche sowie die möglichst weitgehende Durchsetzung der eigenen Ansprüche.
Prüfer:	Das ist richtig. Fangen wir mit der Klage des C an. Kann A sich erfolgreich verteidigen?
Kandidat 2:	Der Anspruch des C besteht dem Grunde nach gemäß § 7 StVG.[1] Wenn er jedoch gem. § 17 Abs. 1 StVG[2] um 50 % gekürzt ist, dürf-

---

[1] Positiv ist es, wenn der Kandidat direkt mit der am einfachsten durchzusetzenden Norm anfängt. Schließlich soll das 2. Examen auch eine gewisse Praxisnähe vermitteln und jeder Rechtsanwalt würde mit dem verschuldensunabhängigen Anspruch beginnen.

[2] Gut, wie der Kandidat hart am Gesetz bleibt und die gegenüber § 254 BGB speziellere Norm nennt.

	ten keine weiteren Ansprüche des C bestehen. Dabei muss sich C das Verhalten des Fahrers B gem. § 9 StVG zurechnen lassen. Sollte der Abbiegepfeil tatsächlich auf „Grün" gestanden haben, müsste der Mercedes des C beim Befahren der Kreuzung „Rot" gehabt haben.[3]
Prüfer:	Sehr gut. Die Frage der Ampelschaltung ist aber streitig. Was bedeutet das für den Mandanten A?
Kandidat 3:	Dem C dürfte der Beweis nicht gelingen, dass er bei Grün auf die Kreuzung eingefahren ist. Soweit er sich auf das Zeugnis seiner Ehefrau B beruft, ist deren persönliche Nähe zum Kläger und ihr wirtschaftliches Eigeninteresse zu berücksichtigen. Sie haftet als Fahrerin gemäß § 18 StVG. Zudem hat A einen recht neutralen Zeugen, nämlich seinen Beifahrer und wirtschaftlich unbeteiligten Arbeitskollegen D. Die Angaben der Parteien A und C sind nur im Rahmen der Parteianhörung zu berücksichtigen.
Prüfer:	Diese Beweisprognose hört sich gut an und dürfte praxisgerecht sein. Aber muss hier tatsächlich C eine ihm günstige Ampelschaltung beweisen. Geht es nicht um eine Einwendung des A nach § 17 StVG?
Kandidat 2:	Bleibt die Ampelschaltung ungeklärt, tritt eine hälftige Schadensteilung bei gleicher Betriebsgefahr der beteiligten Kfz ein. Es lässt sich gerade nicht feststellen, wer zu mehr als 50 % für den Unfall verantwortlich ist. C will aber mehr als diese 50 % seines Schadens, deshalb trifft ihn die Beweislast.
Prüfer:	Das haben Sie völlig zutreffend herausgearbeitet. Es ist also Klageabweisung zu beantragen. Hat denn A seinerseits Ansprüche gegen C?
Kandidat 4:	Dem A steht ein Schadensersatzanspruch gemäß § 7 Abs. 1 StVG gegen C in Höhe von mindesten 50 %, möglicherweise auch 100 % seines Schadens zu.
Prüfer:	Ganz genau, er könnte vielleicht sogar zu 100 % Ersatz verlangen. Was würden Sie sagen?
Kandidat 4:	Für 100 % Schadensersatz müsste A beweisen, dass der Abbiegepfeil grün anzeige. Das könnte ihm gelingen. Immerhin hat A einen recht neutralen Zeugen (D), der eher überzeugen könnte, als die mit C verheiratete Zeugin B. Deshalb sollte der gesamte Schaden eingeklagt werden.

---

3 Im schriftlichen Examen würden sich Zitate von konkreten StVO-Normen anbieten, um die jeweiligen Verkehrsverstöße zu konkretisieren. Der Prüfer fragt hier absichtlich nicht danach, um eine längeres Blättern der Kandidaten in der StVO zu verhindern (weil wertvolle Prüfungszeit verstreichen würde).

Prüfer:	Das hört sich schon ganz gut an. Wird denn die B wirklich Zeugin im Prozess sein?
Kandidat 1:	Der Anspruch ergibt sich gemäß § 18 Abs. 1 StVG auch gegen B als Fahrerin. Es ist deshalb Klageabweisung zu beantragen und gleichzeitig eine streitgenössische Drittwiderklage gegen C und B in voller Schadenshöhe zu erheben. B könnte dann nicht mehr als Zeugin aussagen. Gleichzeitig haftet auch die Versicherung des C über § 115 Abs. 1 S.1 Nr. 1 VVG i.V.m. § 1 PflVG und ist mit zu verklagen.
Prüfer:	Ganz genau. Aber ist denn das Gericht auch für die Drittwiderklagen zuständig?
Kandidat 3:	Wenn C am Unfallort gem. § 32 ZPO bzw. § 20 StVG geklagt hat, würde sich daraus auch die Zuständigkeit für die Drittwiderklagen gegen B und die Versicherung ergeben.
Prüfer:	Und wenn er am Wohnsitz des A geklagt hat?
Kandidat 4:	Es wäre zu erwägen, ob die Zuständigkeit aus § 33 ZPO hergeleitet werden kann. Ansonsten könnte der Anwendungsbereich der Drittwiderklage – als prozessökonomische Möglichkeit der Streitbeilegung – zu weit eingeschränkt werden.
Prüfer:	Ein sehr gutes Argument. Was könnte dagegen sprechen?
Kandidat 4:	Das der Widerkläger nicht besser stehen darf, als ein normaler Kläger. Der müsste bei einer Klage auch die Zuständigkeitsvorschriften einhalten.
Prüfer:	Das sind in der Tat beachtliche Gegenargumente.[4] Nun eine kleine Abwandlung zu diesem Fall. Stellen Sie sich vor, C fährt allein um 1:30 Uhr morgens mit seinem Mercedes über eine Kreuzung und stößt mit A zusammen, der ein Fahrrad ohne Schutzhelm und ohne funktionierendes Fahrradlicht fährt und von rechts auf die Kreuzung einfuhr. Die Ampelanlage war in Betrieb, sodass der Unfall nicht möglich gewesen wäre, wenn sich beide an die Lichtanzeige gehalten hätten. C verweigert jede Aussage und A hat (vorübergehend Koma) keine Erinnerungen an den Vorfall. Es gibt keine außenstehenden Zeugen. Kann A seine Ansprüche (soweit nicht auf Dritte übergegangen) voll von C ersetzt verlangen?
Kandidat 1:	Ansprüche könnten sich gegen C aus § 7 Abs. 1 StVG ergeben. Die entsprechenden Ansprüche könnten dann auch gegen die Haftpflichtversicherung gem. § 115 Abs. 1 Nr.1 VVG i.V.m. § 1 PflVG

---

4 Die Frage ist sehr streitig und § 33 ZPO bisher nur in Zessionsfällen vom BGH gegen den Dritten anerkannt (NJW 2011, 460). M.E. sollte § 33 ZPO immer auf den Dritten angewandt werden (so schon BGH NJW 1966, 1028).

geltend gemacht werden. Der haftungsbegründende Tatbestand ist erfüllt, da bei Betrieb des Fahrzeugs der Körper des A verletzt wurde.

Prüfer: War das für den C nicht höhere Gewalt?

Kandidat 2: Der Anspruch ist nicht durch § 7 Abs. 2 StVG ausgeschlossen. Schon durch die negative Formulierung des Gesetzes liegt die Darlegungs- und Beweislast für diese Einwendung beim Anspruchsgegner.

Im Rahmen einer Beweisprognose dürfte es dem C zwar möglich sein, zu behaupten, dass A bei Rot seiner Ampelanzeige auf die Kreuzung gefahren sei. Bei „feindlichem Grün"[5] kommt grds. höhere Gewalt i.S.d. § 7 Abs. 2 StVG in Betracht. Aufgrund der nachvollziehbaren fehlenden Erinnerung des A müsste ein Bestreiten mit Nichtwissen jedoch zulässig sein. Mangels außenstehender Zeugen dürfte C die höhere Gewalt wohl kaum beweisen können. Er selbst würde (bei üblicher Klage gegen Versicherung und Halter als Streitgenossen) als Zeuge nicht in Betracht kommen und bei der Parteianhörung des C gem. § 141 ZPO wäre sein massives Eigeninteresse zu berücksichtigen.

Prüfer: Ihre Einschätzung gefällt mir sehr gut. Kann A also seinen gesamten Schaden ersetzt verlangen?

Kandidat 3: Der Anspruch könnte wegen § 9 StVG i.V.m. § 254 BGB wegen Mitverschuldens zu kürzen sein. Der Anspruchsgegner ist für diese Einwendung konkret darlegungs- und beweisbelastet. Hinsichtlich der Rotfahrt des A gelten die oben angestellten Erwägungen zur Beweisprognose. Der Mitverschuldensnachweis dürfte nicht gelingen.

Prüfer: Das stimmt, soweit es die Rotfahrt des A betrifft, aber was ist mit dem fehlenden Fahrradhelm?

Kandidat 4: Das Nichttragen eines Schutzhelms bei Fahrradfahrern dürfte ebenfalls kein Mitverschulden begründen. Eine gesetzliche Helmpflicht besteht nicht, wie schon der Umkehrschluss zu § 21a Abs. 2 StVO zeigt. Auch stellt sich der Straßenverkehr für den normalen Radfahrer nicht als eine derartige Gefahr dar, dass er aus Sorgfaltspflicht gegenüber sich selbst zum Tragen eines Helms verpflichtet wäre. Anders dürfte es bei Rennfahrern oder generell sehr hohen Geschwindigkeiten sein, wofür hier nichts ersichtlich ist.

Für ein Mitverschulden spricht auch nicht, dass sich das allgemeine Verkehrsbewusstsein in Bezug auf das Tragen von Schutzhelmen in den letzten Jahren stark gewandelt hat. Zwar hat der Bundesgerichtshof ein Mitverschulden aufgrund der Gefährlichkeit auch bei

---

5 „Feindliches Grün" soll hier seitens des Kandidaten so verstanden werden, dass der Mercedesfahrer nicht auf Verkehr von rechts zu achten braucht, wenn seine Ampelanzeige auf Grün steht.

Motoradfahrern angenommen, bevor die Helmtragungspflicht für diese in der StVO eingeführt wurde. Das Fahrradfahren ist jedoch nicht vergleichsweise gefährlich und es erscheint annehmbar, entsprechende Schäden nicht den Einzelnen sondern der Gemeinschaft der Kraftfahrzeughalter aufzubürden, da die Gefährlichkeit der Autos deutlich höher einzuschätzen ist. Auch die gesetzgeberische Wertung, keine Helmpflicht einzuführen, ist zu berücksichtigen.

Prüfer:	Sehr gut. Wie sieht es mit einem Mitverschulden in Bezug auf das fehlende Fahrradlicht aus?
Kandidat 1:	Das nicht funktionierende Fahrradlicht könnte eine Mitverschuldensquote auslösen. Allerdings erscheint sehr fraglich, inwieweit dieses Licht bei einem seitlichen Zusammentreffen bei einer gut ausgeleuchteten Straßenkreuzung zu einer tatsächlich deutlich früheren Erkennbarkeit geführt hätte.
Prüfer:	Würden Sie einen gekürzten Betrag einklagen?
Kandidat 1:	Nein, da die Höhe einer Quote unklar und sogar dessen völlige Ablehnung in Betracht kommt – je nach der Ausleuchtung der Kreuzung –, würde ich zugunsten des Mandanten die volle Summe geltend machen.
Prüfer:	Das erscheint gut vertretbar.[6]

Vertiefungshinweise

Drittwiderklage:	BGHZ 40, 185 ff.; NJW 2007, 1753; NJW 2017, 141
Straßenverkehrsrechtliche Klausur im Zweiten Jur. Staatsexamen:	*Weber* JuS 2014, 987 ff.
Keine Helmtragungspflicht im Straßenverkehr:	BGH NJW 2014, 2493

---

6 Tatsächlich dürfte viel für ein Mitverschulden sprechen, da das Fahrradlicht eine bewegliche Lichtquelle darstellt und zudem aus einer anderen Richtung (häufig vor dunklem Hintergrund) kommt und auch auf einer beleuchteten Kreuzung gut wahrnehmbar ist. Trotzdem dürfte der Kandidat mit Geltendmachung des vollen Betrages die Mandanteninteressen angemessen vertreten haben.

Fall 3
Der australische Zwillingsbruder

Materielles Recht:	Aktivlegitimation, Rechtsanwalts- GbR, Abtretung von Honorarforderungen
Prozessrecht:	Gewillkürter Klägerwechsel, Klageänderung, gewillkürte Prozessstandschaft, Zeugenstellung, Kostenrecht, Zuständigkeit

Prüfer:
> *C, wohnhaft in Berlin, begibt sich in die Räume der Berliner „Anton & Berger Rechtsanwaltskanzlei", wo er sich mit Rechtsanwalt Anton verabredet hatte, und bittet ihn um Vertretung gegenüber Y, seinem vermeintlichen Zwillingsbruder aus Australien, der seit Jahrzehnten als verschollen galt und nun nach dem Tod der Mutter seinen Pflichtteilsanspruch in Höhe von 600.000 € gegenüber C geltend macht. Das Mandat wird von Rechtsanwalt Anton bearbeitet und findet ohne Gerichtsverfahren seinen Abschluss. C ist mittlerweile nach Potsdam umgezogen. Rechtsanwalt Anton klagt nun „sein" Honorar in Höhe von 7.670,74 € beim Landgericht Berlin ein. C, anwaltlich vertreten, rügt die örtliche Zuständigkeit und bestreitet die Aktivlegitimation von Rechtsanwalt A.*

> *Womit wird der Richter seine Prüfung beginnen?*

Kandidat 1:
> Der Richter wird im Rahmen der Zulässigkeit der Klage zunächst seine örtliche Zuständigkeit prüfen ... *(Kandidat 1 blättert in den Vorschriften der ZPO)*

Prüfer:
> Ganz genau.[1] Eine rügelose Einlassung nach § 39 ZPO scheint ausgeschlossen und der Wohnsitz des C bei Klageerhebung liegt im Sprengel des Landgerichts Potsdam. Könnte sich trotzdem die Zuständigkeit des Landgerichts Berlin ergeben?

Kandidat 1:
> Es könnte einen besonderen Gerichtsstand geben, dann stünde dem Kläger insoweit ein Wahlrecht nach § 35 ZPO zu. *(Kandidat 1 sucht noch in den Vorschriften)*

Prüfer:
> Gut. Welche Vorschrift könnte denn da einschlägig sein?

Kandidat 2:
> Die Zuständigkeit könnte sich aus § 29 Abs. 1 ZPO ergeben. Der Erfüllungsort ist dabei grundsätzlich für jede Verpflichtung aus

---

1 Der Prüfer überbrückt hier einen eher trivialen Teil der Antwort und gibt dem Kandidaten so etwas mehr Zeit zur Antwort.

	einem Vertrag selbstständig zu bestimmen. Für die Geldzahlungspflicht dürfte dies der Wohnsitz des C zum Zeitpunkt des Vertragsschlusses gemäß § 269 Abs. 1 BGB sein. Zu diesem Zeitpunkt wohnte der C noch in Berlin.
Prüfer:	Sehr gut gesehen. Dann ist das Landgericht Berlin also zuständig. Da weitere Probleme im Rahmen der Zulässigkeit nicht ersichtlich sind, wäre zu fragen, ob die Klage begründet ist. Was ist da eigentlich die genaue Anspruchsgrundlage?
Kandidat 3:	Dabei handelt es sich um einen Geschäftsbesorgungsvertrag mit Dienstcharakter gemäß §§ 675 Abs. 1, 611 Abs. 1, 2. Hs. BGB.
Prüfer:	Richtig, aber wie ist Rechtsanwalt Anton auf die eingeklagten 7.670,74 € gekommen? Über eine konkrete Honorarhöhe wurde gar nicht gesprochen.
Kandidat 3:	Über § 612 Abs. 2 BGB gilt das Rechtsanwaltsvergütungsgesetz mit seiner Anlage 1 als „Taxe", woraus sich die konkrete Höhe des Honorars ermitteln lässt.
Prüfer:	Ganz zutreffend. Vorliegend dürfte es sich um eine Geschäftsgebühr nach Nr. 2300 VV RVG handeln.[2] Wie sieht es denn nun mit der Aktivlegitimation von Rechtsanwalt Anton aus? Wo könnte denn hier das Problem liegen?
Kandidat 4:	Anspruchsinhaber könnte auch die „Anton & Berger Rechtsanwaltskanzlei" sein, wenn diese rechtsfähig ist.
Prüfer:	Nehmen Sie an, die Rechtsanwälte arbeiten nicht nur in reiner Bürogemeinschaft zusammen. Um was für eine Gesellschaftsform würde es sich dann handeln?
Kandidat 4:	Es wäre eine Gesellschaft bürgerlichen Rechts, die selbst rechtsfähig ist. Der Anspruch steht damit ihr zu.
Prüfer:	Oder doch Rechtsanwalt Anton? Immerhin hat C ausschließlich mit ihm gesprochen und er hat das Mandat auch abgewickelt.
Kandidat 1:	Es ist vom objektiven Empfängerhorizont her zu klären, ob der C nur mit dem Rechtsanwalt oder der GbR kontrahieren wollte. Ähnlich wie beim Geschäft für den, den es angeht, dürfte eher ein Vertrag mit der GbR anzunehmen sein.
Prüfer:	Das ist richtig. Was spricht für einen Vertrag mit der GbR?
Kandidat 1:	Es bestehen aus der Sicht des Mandanten Vorteile bei einer etwaigen Haftung wegen Pflichtverletzungen, da hierfür neben der GbR auch beide Rechtsanwälte analog § 128 S. 1 HGB haften. Außerdem kann die Vertretung in Termin ohne weitere Gebühren durch

---

2 Einzelheiten zur Ermittlung der Rahmengebühr bei der Rechtsanwaltsklausur dürften von den Kandidaten nicht zu verlangen sein.

den jeweils anderen Rechtsanwalt erfolgen.

Prüfer: Sehr gut. Kann sich jemand Umstände vorstellen, unter denen doch nur ein Vertrag mit dem einzelnen Rechtsanwalt zustande kommt?

Kandidat 3: Wenn das Mandat schwierige erbrechtliche Fragen aufwirft und Rechtsanwalt Anton im Gegensatz zu Rechtsanwalt Berger ein ausgewiesener Experte für Erbrecht wäre und der Mandant vielleicht sogar ausdrücklich darauf besteht, dass er nur durch Rechtsanwalt Anton vertreten wird.

Prüfer: Gut differenziert. In unserem Fall ist also die GbR aktivlegitimiert.[3] Versetzen Sie sich in die Position des Rechtsanwalts Anton. Es sind noch zwei Wochen bis zum Termin. Wenn er im Termin seinen Antrag stellt, wird die Klage abgewiesen. Wie kann er reagieren?

Kandidat 2: Im Rahmen eines gewillkürten Klägerwechsels kann er aus dem Rechtsstreit ausscheiden und die GbR neue Klägerin werden.

Prüfer: Müssen dafür besondere prozessuale Voraussetzungen erfüllt sein?

Kandidat 2: Da noch keine mündliche Verhandlung stattgefunden hat, kann der Rechtsanwalt Anton nach der Wertung des § 269 Abs. 1 ZPO ohne Zustimmung des C ausscheiden. Nach der Klageänderungstheorie der Rechtsprechung kann die GbR als neue Partei eintreten, wenn dies sachdienlich i.S.d. § 263 ZPO ist.

Prüfer: Sehr schön herausgearbeitet. Liegt denn Sachdienlichkeit vor?

Kandidat 4: Sie ist gegeben, wenn für die Lösung des neuen Streitgegenstandes in irgendeiner Weise auf die bisherigen Prozessergebnisse zurückgegriffen werden kann. Im vorliegenden Fall ist diese Voraussetzung gegeben, denn es geht um dieselbe Honorarforderung.

Prüfer: Das ist zutreffend.[4] Sehen Sie noch eine andere Reaktionsmöglichkeit?

Kandidat 4: Rechtsanwalt A könnte die Klage auch auf Leistung an die GbR umstellen.

Prüfer: Einfach so? Muss nicht die GbR ihre Ansprüche selbst einklagen?

Kandidat 1: Rechtsanwalt Anton könnte in gewillkürter Prozessstandschaft klagen. Dazu bräuchte er eine Ermächtigung der GbR und ein schutzwürdiges Interesse. Das liegt vor, wenn der Prozess in wirtschaftlicher Hinsicht auch seine Sphäre betrifft. Hier dürfte ihm im Innenverhältnis zumindest ein Teil der Honorarforderung zustehen.

---

3 Wenn keine besonderen Umstände vorliegen, dürfte wohl von einem generellen Willen zum Vertragsschluss mit der GbR auszugehen sein, offengelassen durch BGH NJW 2011, 2301; NJW 2012, 2435.
4 Der Sachdienlichkeitsbegriff ist von zentraler Bedeutung in der ZPO und seine Definition bereitet Referendaren im Examen immer wieder Schwierigkeiten.

Prüfer:	Gut. Aber es gibt noch eine weitere Möglichkeit.
Kandidaten:[5]	–
Prüfer:	Rechtsanwalt Anton ist nicht Forderungsinhaber. Aber kann er es werden?[6]
Kandidat 3:	Er könnte sich die Forderung abtreten lassen.
Prüfer:	Genau. Gibt es ein Problem, wenn Rechtsanwaltshonorarforderungen abgetreten werden?
Kandidat 3:	Die Abtretung ist regelmäßig gem. § 134 BGB i.V.m. § 203 StGB nichtig, weil die Tätigkeit der Schweigepflicht unterliegt und schon die Mitteilung der bloßen Existenz der Forderung an einen Abtretungsempfänger der Verschwiegenheitspflicht entgegenliefe.[7] Aber im vorliegenden Fall kennt Rechtsanwalt Anton ohnehin alle Fakten des Mandats, so dass die Abtretung wirksam wäre.
Prüfer:	Sehr gut. Nun wollen die Rechtsanwälte A & B den kostengünstigen Weg wählen. Nehmen Sie an, der Honoraranspruch besteht. Macht es einen Unterschied bei den Kosten, ob ein gewillkürter Klägerwechsel, eine Klageumstellung auf gewillkürte Prozessstandschaft oder eine Abtretung durchgeführt wird?[8]
Kandidat 1:	Der Gebührenstreitwert ändert sich nicht.
Prüfer:	Ganz richtig. Also an dieser Stelle gibt es keine Unterschiede.[9] Aber möglicherweise gibt es bei der Kostenentscheidung relevante Auswirkungen, je nachdem, ob eine Klageänderung oder ein gewillkürter Klägerwechsel vollzogen wird?
Kandidat 2:	Bei der Klageänderung gilt nach h.M. die Mehrkostentheorie und zusätzliche Kosten sind durch die Klageänderung nicht entstanden. Besteht die Forderung, müsste der Beklagte die gesamten Kosten des Rechtsstreits tragen.
Prüfer:	Richtig. Und wie wäre es beim gewillkürten Klägerwechsel?

---

5 Leider kommen die Kandidaten an dieser Stelle nicht auf die Abtretungsmöglichkeit. Der links sitzende Prüfer schüttelt missbilligend den Kopf und schaut zum Fenster. Versuchen Sie das als Kandidat zu ignorieren. Er allein kann die Note des Prüfungsblocks (der bis dahin sehr gut gelaufen war) nicht bestimmen. Der fragende Prüfer sieht das Schütteln und wird sich den zweiten Prüfer in der Pause „vorknöpfen".

6 Der Prüfer greift schnell in das entstandene Schweigen durch eine Hilfestellung ein und stellt die Frage zudem offen.

7 BGH NJW 2005, 1505; 1996, 775.

8 Der Prüfer schätzt die Frage als sehr schwierig ein und stellt sie offen.

9 Der Prüfer wartet hier einen kurzen Augenblick und geht (mangels Meldung durch Blickkontakt) einen Gedankengang weiter. Dass eine Prüfungsgruppe eine Frage nicht beantworten kann, sollte den Kandidaten nicht beunruhigen. M.E. gehören auch sehr anspruchsvolle Fragen zum Gespräch, genauso wie der Prüfer die Vergabe von Noten bis 18 Punkten erwägen muss. Eine Frage nicht beantworten zu können lässt immer noch sehr gute Benotungen zu.

| Kandidat 1: | Der Bundesgerichtshof ordnet den Klägerwechsel nach der sog. Klageänderungstheorie auch als Klageänderung ein. Dies spricht dafür, hier auch die Mehrkostentheorie anzuwenden. |

Prüfer: Sehr gut argumentiert. Gibt es noch eine andere Möglichkeit?

Kandidat 2: Das Prozessrechtsverhältnis zwischen Rechtsanwalt und Beklagten ist durch den Klägerwechsel als Obsiegen des Beklagten zu bewerten, wohingegen das Prozessrechtsverhältnis zwischen GbR und Beklagtem zugunsten der GbR zu bewerten ist, so dass nach den Grundsätzen der Baumbach'schen Kostenformel entschieden werden könnte.

Prüfer: Gute Überlegung. Gäbe dies eine Änderung bei der Kostenentscheidung?

Kandidat 2: Der ausgeschiedene Kläger müsste zumindest die Hälfte der Gerichtskosten und der außergerichtlichen Kosten des Beklagten tragen.[10] Das wäre schon ein erheblicher Unterschied.

Prüfer: Richtig. Um diesem Risiko aus dem Weg zu gehen, empfiehlt es sich also aus Kostengesichtspunkten nicht den gewillkürten Klägerwechsel zu wählen. Aber spricht nicht für den Klägerwechsel, dass der Rechtsanwalt dann bei streitigen Punkten Zeuge sein könnte?[11]

Kandidat 3: Wie bei einer Parteianhörung oder Parteivernehmung wäre das massive Eigeninteresse des Rechtsanwalts zu berücksichtigen. Zudem könnte der Rechtsanwalt als geschäftsführender Gesellschafter der GbR ohnehin nur als Partei vernommen werden.

Prüfer: Sehr gut gesehen. Vielen Dank an alle. Die Prüfungszeit ist um.

Vertiefungshinweise

Erfüllungsort bei Rechtsanwaltsvertrag:	BGH NJW 2004, 54
Zur Klageänderungstheorie:	BGH NJW 1962, 347; NJW 1981, 989
Zum Sachdienlichkeitsbegriff:	BGH NJW 2000, 800
Kostenentscheidung beim Klägerwechsel:	*Zöller/Herget* 33. Aufl., § 91 Rn. 13.69; BGH GRUR 2015, 159, Tz. 124

---

10 Für die Terminsgebühr gilt dies nur, wenn sie bereits bei einer Verhandlung mit dem früheren Kläger angefallen war.

11 Bisher ist insofern noch nichts str. ersichtlich, aber das könnte sich ändern.

Fall 4
Der Vorschaden

Materielles Recht:	Kaufvertrag (Autokauf, Vorrang der Nachbesserung beim gebrauchten Unfallwagen, Nutzungsentschädigung, Zurückbehaltungsrecht)
Prozessrecht:	Feststellungsklage, Vollstreckung bei Zug-um-Zug-Verurteilungen, Vollstreckung bei vorsätzlicher unerlaubter Handlung, prozesstaktische Erwägungen aus Klägersicht

Prüfer:
Sie sind Rechtsanwalt und Mandantin A erscheint aufgeregt in Ihrer Kanzlei und schildert folgenden Sachverhalt:

Sie habe vor vier Monaten von B einen 3 Jahre alten PKW Smart zum Kaufpreis von 12.500 € erworben. Sie kenne B flüchtig, da sie Angestellte in einer Kindertagesstätte ist, die sein Sohn früher besucht hatte. Deshalb habe sie auch auf seine Ehrlichkeit vertraut. Der Smart hätte genau die richtige Farbe, die zu der Sitzpolsterung passte und mehrere besondere Ausstattungsmerkmale, wie Sitzheizung gehabt. Bei der Probefahrt habe sie einfach ein gutes Gefühl gehabt. In der Vertragswerkstatt habe sie nun erfahren, dass er PKW einen erheblichen Vorschaden aus einem Unfall habe. Die Vertragswerkstatt hatte auch den Verkäufer B als Kunden und diesem gegenüber drei Monate vor dem Verkauf anlässlich einer Wartung mitgeteilt, dass der Wagen eventuell hinten links einen Unfallschaden habe. Diese Vermutung wurde B mitgeteilt, was dieser durch seine Unterschrift auf dem Wartungsprotokoll bestätigt habe. In der Kaufvertragsurkunde und bei den Verkaufsverhandlung habe B ausdrücklich angegeben, keine Kenntnisse über eventuelle Unfallvorschäden zu haben. Sie habe gegenüber B den Unfallschaden reklamiert und den Rücktritt erklärt. Zur Rückzahlung des Kaufpreises Zug um Zug gegen Rückgabe des PKW Smart habe sie ihm ergebnislos eine Frist von 14 Tagen gesetzt, wie es in ihrem Buch „ARD Ratgeber Recht" stehe. B habe jedoch eine Rückabwicklung abgelehnt. Die Mandantin möchte nun ihre Ansprüche mithilfe der Gerichte durchsetzen.

Steht denn der Mandantin ein Anspruch auf Rückzahlung des Kaufpreises zu?

Kandidat 1:
Der Anspruch dürfte sich aus dem §§ 433, 434 Abs. 1, 437 Nr. 2, 323 Abs. 1, 346 BGB ergeben. Der Unfallschaden dürfte einen Sachmangel darstellen, unabhängig von der Frage, ob er sachge-

recht repariert wurde. Denn bei einem drei Jahre alten Wagen muss der Käufer keinen Unfallschaden erwarten i.S.d. § 434 Abs. 1 Nr. 2 BGB, der über einen völlig unerheblichen Bagatellschaden hinausgeht.

Prüfer:	Sehr gut, aber steht dem Rücktritt nicht der Vorrang der Nachbesserung entgegen?
Kandidat 2:	Die Nacherfüllung dürfte bei einem Unfallschaden unmöglich sein, § 275 Abs. 1 BGB.
Prüfer:	Welche zwei Möglichkeiten der Nacherfüllung gibt es denn?
Kandidat 2:	Nach § 439 Abs. 1 BGB kann Beseitigung des Mangels oder Lieferung einer mangelfreien Sache verlangt werden. Hier käme zwar keine Beseitigung des Unfallschadens, aber vielleicht die Lieferung eines Ersatzfahrzeuges in Betracht.
Prüfer:	Richtig. Aber handelt es sich denn nicht um ein individualisiertes und so nicht nochmals auffindbares Gebrauchtfahrzeug?
Kandidat 3:	Es dürfte auf den erkennbaren Vertragswillen der Parteien ankommen. Wenn mehr die abstrakten Daten, wie Alter, Fahrleistung und Ausstattung im Vordergrund stehen, kommt bei den üblichen PKW-Typen schon die Lieferung einer gleichwertigen Sache in Betracht. Hier fand aber eine Besichtigung und Probefahrt statt, so dass es mehr auf das individuelle Fahrzeug ankommt und eine Nachlieferung ausscheiden dürfte.
Prüfer:	Das erscheint sehr gut vertretbar. Wenn Sie nun eine Klageschrift fertigen, worauf ist dann bei dem Antrag zu achten?
Kandidat 4:	Es ist nicht nur der Zahlungsantrag zu stellen, sondern die Rückgabe und Rückübereignung des Fahrzeuges Zug um Zug gem. § 348 BGB anzubieten.
Prüfer:	Was würde das Gericht machen, wenn Sie nur den Zahlungsantrag stellen?
Kandidat 4:	Es kann trotzdem Zug um Zug verurteilen, da dies gegenüber dem reinen Zahlungsantrag ein Minus wäre. Ein Verstoß gegen § 308 Abs. 1 ZPO läge nicht vor. Im Übrigen wäre die Klage abzuweisen und der Mandantin droht eine Kostenentscheidung gem. § 92 Abs. 1 ZPO, auch wenn sie ansonsten obsiegt.
Prüfer:	Ganz genau. Würde denn der volle Kaufpreis zurückverlangt werden, oder wäre davon noch etwas abzuziehen?
Kandidat 1:	Die Mandantin dürfte mit dem Smart schon gefahren sein, so dass die Nutzungsentschädigung gem. § 346 Abs. 2, S. 1, Nr. 1 BGB abzuziehen wäre.
Prüfer:	Stimmt. Und wenn Sie dies im Antrag nicht berücksichtigen?

Kandidat 1:	Das Gericht hat keine Anhaltspunkte hinsichtlich der Höhe einer Nutzungsentschädigung, aber der Einwand der Beklagtenseite ist in jedem Falle zu erwarten. Auch hier könnte es zu einer nachteiligen Kostenentscheidung kommen, deshalb sollte der Abzug gleich im Klageantrag berücksichtigt werden.
Prüfer:	Aber wenn die Mandantin die gefahrenen Kilometer nicht verrät, kann das Gericht die Nutzung nicht berechnen. Immerhin ist doch der Verkäufer darlegungs- und beweisbelastet.
Kandidat 2:	Die Mandantin kann zu Angaben auch dann verpflichtet sein, wenn sie an sich nicht darlegungsbelastet ist, es sich aber um Tatsachen handelt, die aus ihrer Sphäre stammen und in welche die Gegenseite keinen Einblick hat. Es handelt sich um die sogenannte sekundäre Erklärungslast. Hier kann der Verkäufer zu den gefahrenen Kilometern der Mandantin schlicht keine Angaben machen.
Prüfer:	Sehr schön. Die Einzelheiten der Berechnung der Nutzungsentschädigung möchte ich Ihnen ersparen, aber es kommt unter anderem auf die voraussichtliche Gesamtlaufleistung des Fahrzeuges an. Stellen Sie sich vor, zwischen den Parteien ist streitig, ob diese 200.000 oder 220.000 km beträgt. Müsste das Gericht ein Sachverständigengutachten einholen?
Kandidat 3:	Nicht unbedingt. Der Unterschied dürfte im Ergebnis eher gering ausfallen und die Gutachterkosten demgegenüber deutlich höher sein. Nach § 287 Abs. 2 ZPO genügt in solchen Fällen eine überwiegende Wahrscheinlichkeit bezüglich der Gesamtlaufleistung. Auch gilt nicht der Strengbeweis und das Gericht kann bei der Schätzung vielleicht auf Herstellerangaben oder Ähnliches zurückgreifen.
Prüfer:	Woraus entnehmen Sie bei der Norm denn, dass eine überwiegende Wahrscheinlichkeit genügt?
Kandidat 3:	Der Zweck der Vorschrift ist gerade die erleichterte Durchsetzung von bestimmten Forderungen. In § 287 Abs. 2 ZPO ist auch ausdrücklich davon die Rede, dass keine vollständige Aufklärung nötig ist.
Prüfer:	Sehr gut herausgearbeitet. Der sorgfältige Rechtsanwalt würde also den Antrag nur Zug um Zug stellen und die Nutzungsentschädigung bereits abziehen. Sollte er noch etwas beantragen?
Kandidat 4:	Er könnte weiterhin beantragen, dass der Annahmeverzug hinsichtlich der Gegenleistung festgestellt würde. Dies hätte Vorteile in der Zwangsvollstreckung.
Prüfer:	Gute Überlegung. Um welche Vorteile handelt es sich?
Kandidat 4:	Gem. § 756 Abs. 1 ZPO müsste der Gerichtsvollzieher bei einer Vollstreckung sonst die Gegenleistung anbieten, was zu erheblichen

	Kosten führen kann. Dies gilt nicht, wenn der Annahmeverzug mit öffentlicher Urkunde festgestellt ist. Darunter fällt auch das Urteil.
Prüfer:	Aber liegt überhaupt ein Rechtsverhältnis i.S.d. § 256 Abs. 1 ZPO vor? Handelt es sich nicht bloß um eine Vorfrage?
Kandidat 1:	Eigentlich handelt es sich nicht um ein Rechtsverhältnis. Aber der Bundesgerichtshof lässt die Feststellung zu, um die Zwangsvollstreckung praktikabel zu machen.
Prüfer:	Zutreffend herausgearbeitet. Jetzt kommt eine ziemlich schwierige Frage. Gibt es noch einen weiteren Feststellungsantrag, den der Rechtsanwalt stellen könnte?
Kandidaten:	–
Prüfer:	Ich frage mal anders. Wenn B nicht freiwillig zahlt, wo ist meist ein Vollstreckungsversuch lohnend?
Kandidat 2:	Die Vermögensauskunft gem. § 802c ZPO bleibt abzuwarten. Aber da sie Angestellte ist, könnte die Pfändung und Überweisung des Arbeitseinkommens Erfolg versprechen.
Prüfer:	Sehr gut. Welches Problem könnte sich hinsichtlich der Höhe des Arbeitseinkommens ergeben?
Kandidat 2:	Ob es überhaupt die Pfändungsfreigrenze übersteigt. Andernfalls würde die Pfändung leerlaufen. Derzeit sind das etwa 1.000 € netto.
Prüfer:	Ganz genau. Dies ergibt sich aus § 850c ZPO. Angenommen, B verdient nur 850 € netto. Lässt sich da gar nichts machen?
Kandidat 4:	Vielleicht könnte beantragt werden, die Pfändungsfreigrenze nach § 850f Abs. 2 ZPO herabzusetzen. Dann könnte von den 850 € etwas gepfändet und überwiesen werden.
Prüfer:	Genau das wollte ich hören. Aber stammt denn die Forderung aus einer vorsätzlich begangenen unerlaubten Handlung?
Kandidat 3:	Es könnte sich um einen Betrug und damit einen Anspruch aus § 823 Abs. 2 i.V.m. § 263 StGB handeln. B hat die Unfallfreiheit zugesichert, obwohl sie wusste, dass möglicherweise ein erheblicher Unfallschaden vorlag.
Prüfer:	Aber genau wusste sie es nicht.
Kandidat 3:	Hinsichtlich der Täuschung über Tatsachen genügt jedoch der Eventualvorsatz und B hat die Möglichkeit gekannt und dies billigend in Kauf genommen. Sie handelte auch in der Absicht, sich durch den Abschluss des Kaufvertrages zu bereichern.
Prüfer:	Wir wollen jetzt nicht zu weit ins Strafrecht gehen. Angenommen es liegt ein Betrug vor. Wie kann nun die Herabsetzung der Pfändungsfreigrenze erreicht werden?

Kandidat 1.:	Für die Vollstreckung in Forderungen ist das Vollstreckungsgericht gem. § 828 Abs. 1 ZPO zuständig. Gem. § 850f Abs. 2 ZPO kann der Gläubiger dort einen Antrag stellen.
Prüfer:	Richtig. Innerhalb des Gerichts ist der Rechtspfleger gem. § 20 Nr. 17 RPflG dafür zuständig. Wenn Sie mit dem streitigen Urteil zu ihm gehen, welches die Zug-um-Zug-Verurteilung enthält, wird er dann die Freigrenze herabsetzen?
Kandidat 2:	Wenn ein Betrug begangen wurde, muss er das machen.
Prüfer:	Aber woher weiß der Rechtspfleger das? Im Urteil steht im Zweifel nur die Begründung mit den kaufrechtlichen Gewährleistungsvorschriften.
Kandidat 2:	Dann muss er prüfen, ob eine Vorsatztat vorliegt.
Prüfer:	Wenn Sie insofern zwischen Erkenntnis- und Vollstreckungsverfahren trennen, wohin gehört die Klärung der Anspruchsgrundlage?
Kandidat 2:	Wohl eher ins Erkenntnisverfahren.
Prüfer:	Richtig. In unserem Fall muss der Rechtsanwalt damit rechnen, dass das Gericht den Anspruch mit den kaufrechtlichen Gewährleistungsrechten begründet und keine Veranlassung hat, eine vorsätzliche Straftat zu begründen. Woran könnte er nun denken?
Kandidat 3:	Er könnte mit einem weiteren Antrag feststellen lassen, dass der Anspruch aus einer vorsätzlichen unerlaubten Handlung herrührt.
Prüfer:	Sehr gut. Angenommen, er hat dies im Prozess nicht getan. Kann er später noch eine Feststellungsklage in einem neuen Prozess erheben?
Kandidat 4:	Das müsste möglich sein, um die erleichterten Vollstreckungsmöglichkeiten nutzen zu können. Es steht auch noch nicht rechtskräftig fest, dass der Anspruch nicht aus einer vorsätzlichen unerlaubten Handlung stammt.
Prüfer:	Was wäre denn bei der Zug-um-Zug-Verurteilung in Rechtskraft erwachsen?
Kandidat 4:	Dass der Kläger die Zahlung gegen Übergabe und Übereignung des Fahrzeuges aus dem zugrundeliegenden Lebenssachverhalt erhält.
Prüfer:	Stimmt. Könnte die Verjährung ein Problem werden?
Kandidat 1:	Wohl nicht, denn der Anspruch verjährt nach der rechtskräftigen Feststellung in 30 Jahren gem. § 197 Abs. 1 Nr. 3 BGB. Bei der Feststellungsklage geht es nur um die Frage, wie dieser Anspruch vollstreckt werden kann.
Prüfer:	Das lässt sich gut hören. Vielen Dank an alle Kandidaten.

Vertiefungshinweise

Sachmangel und Nacherfüllung beim Unfallwagen:	BGH NJW 2008, 53; BGH NJW 2006, 2839
Feststellung von Annahme- und Schuldnerverzug:	BGH NJW 2000, 2280
Zur Bindung des Vollstreckungsgerichts an Feststellungen des Prozessgerichts:	BGH FamRZ 2012, 1799
Zum Feststellungsantrag bzgl. der vorsätzlichen unerlaubten Handlung:	BGH NJW-RR 2011, 791; NJW 2011, 1133–1135

Fall 5
Der schnelle Prozess

Materielles Recht:	Passivlegitimation, Vertragsübernahme, Beweisprognose
Prozessrecht:	Mahnverfahren, Arrest, Urkundenprozess, Klage auf künftige Leistung, Streitverkündung

Prüfer:

Der Geschäftsführer G der A-GmbH sucht Rechtsanwalt R in seiner Kanzlei auf und bittet ihn um Vertretung gegenüber seiner Pächterin der B-GmbH. Dazu schildert er folgenden Sachverhalt: Die A-GmbH habe ein Grundstück mit Lagerhalle an die B-GmbH verpachtet. Vor einem Jahr hätten die B-GmbH zusammen mit der C-GmbH einen Brief an die A-GmbH geschrieben. Darin teilten sie mit, dass sich nunmehr die C-GmbH um die Angelegenheiten auf dem Pachtgrundstück kümmern und insbesondere für die Pachtzahlungen sorgen wolle. Die A-GmbH wurde gebeten, dies auf dem Schreiben mit einer Unterschrift zu bestätigen und zurückzusenden.

Die A-GmbH leistete die Unterschrift und sendete das Schreiben an die B-GmbH und C-GmbH zurück. Einige Monate später blieben die Pachtzahlungen der B-GmbH aus. Auf eine Mahnung der A-GmbH antwortete die B-GmbH, dass in dem Schreiben eine Vertragsübernahme vereinbart worden sei und die A-GmbH sich nunmehr an die C-GmbH halten müsse. Die Vertragsübernahme sei im Übrigen auch in einem persönlichen Gespräch zwischen den 3 beteiligten GmbHs bestätigt worden, bei dem der Prokurist der B-GmbH (X) dabei gewesen sei und sich auch noch genau erinnern könne.

Der Geschäftsführer G der A-GmbH erklärt gegenüber Rechtsanwalt R, dass seiner Meinung nach aus dem Schreiben keine Vertragsübernahme folge. Es habe zwar das Gespräch gegeben. Von einer Vertragsübernahme sei jedoch nie die Rede gewesen. Das könne auch der seinerzeit anwesende Prokurist der A-GmbH (Y) bestätigen.

G möchte, dass Rechtsanwalt R gegen die B-GmbH vorgehen solle. Ein Vorgehen gegen die C-GmbH solle möglichst vermieden werden, zumal er auch nicht wisse, ob die C-GmbH überhaupt solvent ist. Eine Kündigung des Pachtverhältnisses soll nicht erfolgen, da es schwierig sei, einen neuen Pächter zu finden. Rechtsanwalt R solle möglichst schnell einen vollstreckbaren Titel erlangen. Die A-GmbH befinde sich in ernstlichen wirtschaftlichen Schwierigkeiten und brauche möglichst schnell einen Vollstreckungserfolg. Insofern habe er auch gehört, dass das Mahnverfahren insofern gute Möglichkeiten biete.

Sie sind Rechtsanwalt R und sollen nun zunächst prüfen, ob Pachtzins Pachtansprüche erfolgreich gegen die B-GmbH durchgesetzt werden können.

Kandidat 1:	Der Pachtzinsanspruch dürfte sich aus § 581 Abs. 1 S. 2 BGB ergeben. Fraglich ist nur die Passivlegitimation. Diese könnte durch eine Vertragsübernahme seitens der C-GmbH entfallen sein.
Prüfer:	Das ist richtig. Welcher Voraussetzungen bedarf es denn für eine Vertragsübernahme?
Kandidat 1:	Das ist ein dreiseitiger Vertrag, bei dem auch die A-GmbH zustimmen müsste. Schließlich muss es ihr überlassen bleiben, an wen sie das Grundstück verpachten möchte.
Prüfer:	Gut. Woraus könnte sich hier eine Vertragsübernahme ergeben?
Kandidat 2:	Die Vertragsübernahme könnte sich aus dem von der A-GmbH unterschriebenen Schreiben ergeben. Darin hat die C-GmbH ausdrücklich erklärt, dass sie die Pacht künftig zahlen wolle. Darin dürfte eine Vertragsübernahme zu sehen sein.
Prüfer:	Hat die C-GmbH denn ausdrücklich erklärt, dass sie die Pacht zahlen wolle?
Kandidat 2:	Sie hat gesagt, dass sie für die Pachtzahlungen sorgen wolle.
Prüfer:	Wäre das auch in einer anderen Konstellation, ohne Vertragsübernahme, denkbar?
Kandidat 3:	Damit könnte auch gemeint sein, dass sie als Geschäftsbesorgungen oder Verwalterin für die B-GmbH den Zahlungsverkehr abwickeln wolle.
Prüfer:	Ganz zutreffend. Das Schreiben kann sicherlich auch so verstanden werden. Was würde dieser Umstand in einem Prozess gegen die B-GmbH bedeuten?
Kandidat 3:	Die B-GmbH muss die für sie günstigen Tatsachen darlegen. Die Vertragsübernahme wäre eine Einwendung, die für die B-GmbH günstig ist. Sind nach dem Schreiben mehrere Auslegungsmöglichkeiten vorhanden, würde dies zulasten der B-GmbH gehen.
Prüfer:	Gibt es weitere Umstände, aus denen sich eine Vertragsübernahme ergeben könnte?
Kandidat 4:	Es bliebe das persönliche Gespräch, bei dem die Vertragsübernahme vereinbart worden sein soll. Der Inhalt des Gesprächs ist jedoch streitig.

26

Prüfer:	Was heißt das für die A-GmbH?
Kandidat 4:	Ich meine, dass sie gute Chancen hat, den Prozess zu gewinnen. Wie bereits angesprochen ist die Vertragsübernahme eine für die B-GmbH günstige Tatsache, die sie beweisen muss. Hier hat jede Seite einen Zeugen benannt, der jeweils im Lager seiner Partei steht. Ohne nähere Anhaltspunkte besteht eine positive Beweisprognose für die A-GmbH, da Zweifel zulasten der B-GmbH gehen würden.
Prüfer:	Gut. Lassen Sie uns festhalten, dass gute Chancen bestehen den Pachtzinsanspruch gegen die B-GmbH erfolgreich gerichtlich durchsetzen zu können. Der G möchte, dass es, aufgrund finanzieller Probleme bei der A-GmbH, besonders schnell gehen soll. Kann ihm dabei das Mahnverfahren helfen?
Kandidat 1:	Der Mahnantrag kann sehr schnell online beim Mahngericht gestellt werden und es ist keine Klagebegründung sondern nur eine kurze Bezeichnung des Anspruchs gemäß § 690 Abs. 1 Nr. 3 ZPO erforderlich. Wenn gegen den erlassenen Mahnbescheid kein Widerspruch erhoben wird, kann das Mahngericht gemäß § 699 Abs. 1 ZPO einen Vollstreckungsbescheid erlassen, der nach § 700 Abs. 1 ZPO einem Versäumnisurteil gleichsteht. Insofern gibt es die Möglichkeit für den Antragsteller, sehr schnell einen vollstreckbaren Titel zu erlangen.
Prüfer:	Also würden Sie hier das Mahnverfahren empfehlen?
Kandidat 1:	Da die B-GmbH bereits inhaltliche Einwendungen erhoben hat, steht zu vermuten, dass sie Widerspruch gegen den Mahnbescheid gemäß § 694 ZPO erhebt. Dies führt nach §§ 696 f. ZPO zur Abgabe an das Streitgericht, dass nunmehr gemäß § 697 Abs. 1 ZPO dem Antragsteller aufgibt, seinen Anspruch zu begründen. Insofern wäre die Einreichung einer Klage beim Streitgericht schneller und würde das Verfahren eher ein Umweg bedeuten.
Prüfer:	Gut differenziert. Gibt es vielleicht die Möglichkeit des einstweiligen Rechtsschutzes?
Kandidat 2:	Da es sich um eine Geldforderung handelt, käme ein Arrestantrag gemäß § 916 ZPO in Betracht. Problematisch dürfte jedoch sein, einen Arrestgrund gemäß §§ 917, 920 Abs. 2 ZPO glaubhaft zu machen.
Prüfer:	Wieso denn das, der A-GmbH geht es doch wirtschaftlich sehr schlecht? Sie ist doch dringend auf das Geld angewiesen?
Kandidat 2:	Der Arrest dient dazu, gegen unlautere Beeinträchtigungen und Machenschaften des Schuldners zu schützen. Er soll aber dem Gläubiger keinen Vorsprung vor anderen verschaffen. Hier sind keine Beeinträchtigungen seitens der B-GmbH erkennbar. Allein die schlechte finanzielle Situation der A-GmbH reicht nicht für den Erlass eines Arrests.

Prüfer:	Sehr gut. Das erscheint nicht aussichtsreich. Dann wird sich der Prozess gegen die B-GmbH wohl noch länger hinziehen. Es wird erst ein Termin zur Güteverhandlung und mündlichen Verhandlung geben und später wohl ein Termin mit Beweisaufnahme hinsichtlich des mündlichen Gesprächs. Erst im Anschluss kann die A-GmbH mit einem Titel gegen die B-GmbH rechnen. Oder hat noch jemand eine andere Idee?
Kandidat 3:	Vielleicht könnte sich für die A-GmbH ein Vorteil ergeben, wenn Sie im Urkundenprozess vorgeht.
Prüfer:	Das ist zutreffend. Warum?
Kandidat 3:	Aufgrund des Pachtvertrages kann die A-GmbH gemäß § 592 ZPO im Urkundenprozess klagen. Die Beweismittel im Urkundenprozess sind sehr eingeschränkt. Zulässig sind für andere als anspruchsbegründenden Tatsachen gemäß § 595 Abs. 2 ZPO nur Urkunden und auf Antrag Parteivernehmung. Wir hatten oben festgestellt, dass die B-GmbH die Vertragsübernahme nicht mit dem Schreiben sondern allenfalls über die Zeugenvernehmung beweisen könnte. Diese ist hier jedoch ausgeschlossen, sodass die A-GmbH gemäß § 599 Abs. 1 ZPO gleich nach dem 1. Termin durch ein Vorbehaltsurteil verurteilt werden könnte. So hat die A-GmbH sehr schnell einen vollstreckbaren Titel erhalten.
Prüfer:	Und eine Beweisaufnahme muss gar nicht stattfinden?
Kandidat 3:	Doch, aber erst im Nachverfahren gemäß § 600 ZPO. Die A-GmbH könnte bereits vorher vollstrecken.
Prüfer:	Gut. Da die A-GmbH sehr schnell einen Titel haben will, scheint dies der richtige Weg zu sein. Was genau sollte eigentlich eingeklagt werden, nur die rückständigen Pachtbeträge?
Kandidat 4:	Er könnte auch für künftige Monate die Pacht bereits jetzt einklagen, da die B-GmbH die Erfüllung ernsthaft verweigert hat, § 259 ZPO. Dies löst jedoch zusätzliche Kosten aus. Vielleicht hält sich die B-GmbH künftig an ihre Verpflichtungen aus dem Pachtvertrag, wenn sie hinsichtlich der bereits offenen Pachtverträge verurteilt wird.
Prüfer:	Das stimmt. Aber nach einer Verurteilung hinsichtlich der fälligen Pachtverträge steht doch ohnehin rechtskräftig fest, dass es keine Vertragsübernahme gegeben hat, oder?
Kandidat 1:	Nein, die Rechtskraft der Entscheidung bezieht sich nur auf den Tenor selbst. Die Vorfrage für die Verurteilung zur Pacht, ob die Passivlegitimation durch Vertragsübernahme entfallen ist, nimmt nicht an der Rechtskraft teil.
Prüfer:	Sehr gut. Aus welcher Vorschrift kann man das indirekt entnehmen?

28

Kandidat 1:	Aus § 256 Abs. 2 ZPO. Für eine entsprechende Rechtskraftwirkung müsste die A-GmbH hier eine Zwischenfeststellungsklage erheben.
Prüfer:	Ganz richtig. Dann sollte hier im Urkundenprozess der fällige Pachtvertrag zusammen mit einer Zwischenfeststellungsklage eingeklagt werden?
Kandidat 2:	Eigentlich ja, aber im Urkundenprozess kann nur ein Zahlungsanspruch selbst und keine Feststellungsklage geltend gemacht werden, wie sich schon aus dem Wortlaut des § 592 ZPO ergibt.
Prüfer:	Richtig. Nehmen wir nun an, wir beraten den Geschäftsführer der A-GmbH dahingehend, die fälligen und künftigen Pachtbeträge im Urkundenprozess geltend zu machen. Überlegen Sie, ob noch weitere Schritte zu veranlassen sind?
Kandidat 3:	Letztlich ist nicht auszuschließen, dass aufgrund der Beweisaufnahme, die jedenfalls im Nachverfahren stattfindet, die Klage doch abgewiesen und das Vorbehaltsurteil gemäß §§ 600 Abs. 2, 302 Abs. 4 S. 2 ZPO aufgehoben wird. Daher sollte der C-GmbH der Streit verkündet werden.
Prüfer:	Sehr gut gesehen. Können Sie das näher erläutern?
Kandidat 3:	Im Falle der Klageabweisung muss die A-GmbH gegen die C-GmbH klagen. Ein Anspruch besteht nur, wenn der Pachtvertrag durch Vertragsübernahme auf die C-GmbH übergegangen ist. Das hat das Gericht in dem Prozess A-GmbH gegen B-GmbH im Falle der Klageabweisung zwar angenommen. Dieses Urteil entfaltet aber keine Rechtskraftwirkungen gegenüber der C-GmbH. Diese könnte im Folgeprozess die Vertragsübernahme bestreiten. Nunmehr müsste die A-GmbH Beweis für diese Vertragsübernahme antreten. Im Falle einer ungünstigen Beweisaufnahme würde sie auch diesen Prozess verlieren, obwohl gegen eine von beiden Parteien ein Anspruch bestünde. Die Streitverkündung entfaltet gemäß §§ 74, 68 ZPO gegenüber dem Streitverkündeten im Folgeprozess eine Interventionswirkung für alle tatsächlichen und rechtlichen Vorfragen des Ausgangsprozesses, sofern das Urteil nach objektiv zutreffender Ansicht auf diesen Feststellungen beruht. Die Klageabweisung aufgrund der Vertragsübernahme wäre ein entsprechend tragender Grund. Im Folgeprozess könnte die C-GmbH Somit die Vertragsübernahme von der B-GmbH auf die C-GmbH nicht mehr bestreiten.
Prüfer:	Sehr gut, vielen Dank an alle Kandidaten!

Vertiefungshinweise

Das Erstellen einer Beweisprognose ist bei anwaltlichen Fallgestaltungen nicht unüblich und kann sich auch auf bereits im Vorfeld eines Prozesses schriftlich verfasste Aussagen beziehen, vgl. z.B. das Klausurbeispiel von *Bartels* in JuS 2020, 870.

Zum Urkundenprozess	*Tunze* JuS 2017, 1073
Zu den strengen Anforderungen an das Vorliegen eines dinglichen Arrestgrundes	OLG Brandenburg NJW-RR 2020, 1139
Allgemein zu Arrest und einstweilige Verfügung	*Huber* JuS 2018, 236

Fall 6
Kein Parkett für flotte Sohlen

Materielles Recht:	Kaufrecht (Mangelbegriff, Minderung, Schadensersatz, Nacherfüllung)
Prozessrecht:	Wirkungen der Rechtshängigkeit, Hilfsaufrechnung, Hilfswiderklage, Prozesstaktik, Beweisrecht, Prozesskostenhilfe

Prüfer: *Stellen Sie sich vor, Sie sind Anwalt/Anwältin und zu Ihnen kommt ein Mandant, der Folgendes schildert:*

„Ich habe vor einigen Monaten von der Firma „Parkett König" Massivholzfertigparkett gekauft und von einem Schreiner in mein Wohnhaus einbauen lassen. Dieser hat sich dabei genau an die mitgelieferte Verlegeanleitung gehalten, die von der Herstellerin des Parketts stammte. Schon nach wenigen Tagen sind Verwölbungen am Parkett aufgetreten. Ich habe dies sofort gegenüber der Verkäuferin gerügt. Deren Geschäftsführer hat jedoch lediglich erwidert, die Veränderungen müssten auf einer zu geringen Raumfeuchte beruhen. Ich habe dann einen Sachverständigen eingeschaltet, der festgestellt hat, dass die Verwölbungen auf einer ungeeigneten, in der mitgelieferten Verlegeanleitung aber empfohlenen Art der Verlegung beruhten. Für den Sachverständigen habe ich 1.200 € gezahlt. Die Kosten möchte ich jetzt von der Verkäuferin ersetzt haben. Ich bin an einer Nacherfüllung durch die Firma „Parkett König" nicht mehr interessiert, da ich das Vertrauen in die Firma verloren habe. Ich sehe aber nicht ein, dass die Verkäuferin den gesamten von mir gezahlten Kaufpreis behalten darf."

Was tun Sie?

Kandidat: Ich kläre den Mandanten zunächst über die anfallenden Gebühren auf und kann in diesem Zusammenhang auch einen Vorschuss verlangen. Bei Bedarf erörtere ich mit dem Mandanten auch Fragen betreffend Rechtsschutzversicherung und Beratungs-/Prozesskostenhilfe. Dann lasse ich mir eine Vollmacht unterschreiben.

Prüfer: Welche Anwaltskosten entstehen denn im Normalfall, wenn es zu einem gerichtlichen Verfahren kommt?

Kandidat: Eine 1,3-Verfahrensgebühr und eine 1,2-Terminsgebühr. Hinzu kommen eine Auslagenpauschale von in der Regel 20 € sowie die Umsatzsteuer.

Prüfer: Haben Sie zur Sache noch Fragen an den Mandanten?

Kandidat:	Ich würde fragen, ob er sich schon wegen der von ihm begehrten Teilkaufpreisrückzahlung an die Verkäuferin gewandt hat.
Prüfer:	Wofür ist das relevant?
Kandidat:	Was den Kaufpreis angeht, begehrt der Mandant offensichtlich Minderung. Diese erfolgt durch eine einseitige, empfangsbedürftige Willenserklärung gegenüber der Verkäuferin, wobei es für eine konkludente Minderung genügt, wenn der Käufer die teilweise Rückzahlung des Kaufpreises verlangt. Es handelt sich deshalb bei der Minderung um ein Gestaltungsrecht.
Prüfer:	Was kennzeichnet Gestaltungsrechte?
Kandidat:	Sie sind bedingungsfeindlich, weil Rechtsunsicherheiten vermieden werden sollen. Ausdrücklich normiert ist dies für die Aufrechnung in § 388 S. 2 BGB.
Prüfer:	Gibt es von diesem Grundsatz eine Ausnahme?
Kandidat:	Zulässig sind rein innerprozessuale Bedingungen. Wichtigstes Beispiel ist die Hilfsaufrechnung im Prozess. In diesem Fall besteht keine Unsicherheit für die Parteien, da ja feststeht, dass ein Prozessrechtsverhältnis besteht.
Prüfer:	Was tun Sie, wenn ihr Mandant noch nicht gemindert hat?
Kandidat:	Sofern er mich entsprechend bevollmächtigt, kann ich für ihn diese Erklärung abgeben. Wegen § 174 S. 1 BGB ist es wichtig, in diesem Fall dem Schreiben eine Vollmacht beizufügen.
Prüfer:	Kennen Sie auch einen Fall, in dem eine Minderung kraft Gesetzes eintritt?
Kandidat:	Ja, im Mietrecht und im Reisevertragsrecht. Dies steht in § 536 Abs. 1 S. 1 bzw. § 651d Abs. 1 S. 1 BGB.
Prüfer:	Steht dem Mandanten in unserem Fall denn ein Anspruch auf Rückzahlung eines zu viel gezahlten Teils des Kaufpreises zu?
Kandidat:	Ein solcher könnte sich ergeben aus §§ 437 Nr. 2, 2. Alt., 441 Abs. 1 S. 1, Abs. 4, 346 Abs. 1 BGB. Neben dem hier vorliegenden Kaufvertrag bedürfte es dazu eines Mangels der Kaufsache bei Gefahrübergang. Ein solcher könnte hier in der fehlerhaften Verlegeanleitung liegen, welche eine mangelhafte Montageanleitung im Sinne des § 434 Abs. 2 S. 2 BGB darstellen könnte.
Prüfer:	Was verstehen Sie unter einer „zur Montage bestimmten Sache"?
Kandidat:	Wenn ich die Kaufsache, um sie bestimmungsgemäß nutzen zu können, zusammenbauen oder irgendwo einbauen muss. Wie das Parkett, was zunächst noch verlegt werden muss. Die Verlegeanleitung würde ich deshalb unter den Begriff der „Montageanleitung" fassen.

	Sie ist mangelhaft, weil die in ihr beschriebene Verlegeart den Käufer nicht zur fehlerfreien Montage befähigt.
Prüfer:	Angenommen die Verkäuferin bestreitet dies: Wer trägt die Darlegungs- und Beweislast?
Kandidat:	Nach der Regel des § 363 BGB trägt nach Gefahrübergang der Käufer die Darlegungs- und Beweislast für den Mangel, sofern nicht eine Beweislastumkehr nach § 476 BGB eingreift.
Prüfer:	Angenommen Ihren Mandanten träfe die Beweislast: Wie beurteilen Sie die Beweisprognose?
Kandidat:	Der Mandant hat ja bereits ein Sachverständigengutachten eingeholt, welches die Fehlerhaftigkeit der Verlegeanleitung bestätigt hat.
Prüfer:	Könnten Sie dieses Gutachten denn vor Gericht als Sachverständigenbeweis im Sinne der §§ 402 ff. ZPO anbringen?
Kandidat:	Nein, die Vorschriften beziehen sich nur auf ein vom Gericht eingeholtes Sachverständigengutachten. Das Gutachten des Mandanten ist nur ein Privatgutachten und letztlich nichts anderes als erweiterter Parteivortrag. Es dürfte aber zu erwarten sein, dass ein gerichtlich eingeholtes Sachverständigengutachten letztlich zum selben Ergebnis kommt, sodass die Beweisprognose günstig sein dürfte.
Prüfer:	Einverstanden. Losgelöst von unserem Fall: Würden Sie auch Gebrauchs- und Bedienungsanleitungen unter den Begriff der „Montageanleitung" fassen?
Kandidat:	Ich denke, dies würde den Wortlaut des Gesetzes überspannen. Schon nach dem allgemeinen Sprachgebrauch ist „Montieren" etwas anderes als „Gebrauchen". Die Montage betrifft eine dem Gebrauch vorgelagerte Phase des Zusammensetzens von Teilen. Außerdem macht der Ausschlussgrund der fehlerfreien Montage bei Bedienungsanleitungen keinen Sinn. Damit setzt der Gesetzgeber ja voraus, dass die Anleitung mit der fehlerfreien Montage ihren Sinn verloren hat und vom Käufer nicht mehr benötigt wird. Dies trifft auf Bedienungsanleitungen gerade nicht zu, da der Käufer diese grundsätzlich permanent braucht.
Prüfer:	Gut. Welche Überlegung stellen Sie an, wenn ein Fall vom Wortlaut des Gesetzes nicht erfasst wird?
Kandidat:	Ich prüfe, ob die Voraussetzungen einer Analogie gegeben sind. Diese setzt eine vergleichbare Interessenlage und eine planwidrige Regelungslücke voraus. Ich würde hier auf jeden Fall Letzteres verneinen, weil eine Sache ohne brauchbare Bedienungsanleitung sich häufig nicht für die gewöhnliche Verwendung eignen dürfte und der Käufer berechtigterweise eine brauchbare Bedienungsanleitung er-

	warten darf, sodass in der Regel schon ein Mangel nach § 434 Abs. 1 S. 2 Nr. 2 BGB vorliegen wird.
Prüfer:	Das lässt sich gut hören. Zurück zum Fall: Sind damit alle Voraussetzungen für die Minderung erfüllt?
Kandidat:	Nein, in § 441 Abs. 1 S. 1 BGB heißt es „statt zurückzutreten", das heißt, es müssen sämtliche Rücktrittsvoraussetzungen der §§ 437 Nr. 2, 1. Alt., 323 BGB erfüllt sein. Es bedarf deshalb grundsätzlich einer erfolglosen Nachfristsetzung. Eine solche hat der Mandant hier gesetzt. Darüber hinaus dürfte die Verweigerung der Nacherfüllung durch den Geschäftsführer auch als dessen letztes Wort aufzufassen sein, sodass ein Fall des § 323 Abs. 2 Nr. 1 BGB vorliegen dürfte.
Prüfer:	Gut. Eine Berechnung des geminderten Kaufpreises gemäß § 441 Abs. 3 BGB möchte ich Ihnen an dieser Stelle ersparen. Kommen wir zu der Frage, ob unser Mandant auch die Sachverständigenkosten ersetzt verlangen kann. Woraus könnte sich ein solcher Anspruch ergeben?
Kandidat:	Vielleicht als Schadensersatz neben der Leistung aus §§ 437 Nr. 3, 280 Abs. 1 BGB.
Prüfer:	Handelt es sich denn bei dieser Position um einen Schadensersatzanspruch neben oder statt der Leistung?
Kandidat:	Die Abgrenzung erfolgt anhand der Frage, ob der Schaden durch Nacherfüllung beseitigt werden kann. Wenn dies der Fall ist, geht es um Schadensersatz statt der Leistung, zum Beispiel im Falle einer Ersatzbeschaffung oder Reparatur. Entfiele der Schaden wie vorliegend auch durch eine Nacherfüllung nicht, liegt ein Fall des Schadensersatzes neben der Leistung vor.
Prüfer:	Sind die Voraussetzungen des § 280 Abs. 1 BGB erfüllt?
Kandidat:	Die Pflichtverletzung liegt in der Lieferung einer mangelhaften Sache, weil darin ein Verstoß gegen die Verkäuferpflicht aus § 433 Abs. 1 S. 2 BGB liegt. Ein Verschulden wird zwar vermutet, die Verkäuferin könnte sich jedoch möglicherweise exkulpieren, weil die Verlegeanleitung von der Herstellerin des Parketts stammte und die Verkäuferin nichts von deren Fehlerhaftigkeit wusste.
Prüfer:	Treffen einen Händler denn keine Überprüfungspflichten?
Kandidat:	Grundsätzlich nicht, weil er ja regelmäßig kaum Überprüfungsmöglichkeiten hat. Etwas anderes gilt nur dann, wenn konkrete Anhaltspunkte für bestimmte Fehler vorliegen oder der Händler über eine besondere Expertise verfügt.
Prüfer:	Könnte man nicht sagen, die Verkäuferin haftet bei Gattungssachen verschuldensunabhängig gemäß § 276 Abs. 1 S. 2 BGB für Mängel der Kaufsache, weil sie das Beschaffungsrisiko übernommen hat?

Kandidat:	Das würde ich ebenfalls verneinen, weil „Beschaffung" nur die Herbeischaffung der Kaufsache meint, nicht aber das Einstehen für eine bestimmte Qualität.
Prüfer:	Gut. Könnte man ihr denn das Verschulden des Herstellers zurechnen?
Kandidat:	Die Zurechnung über § 278 BGB setzt voraus, dass der Hersteller der Erfüllungsgehilfe der Verkäuferin ist. Erfüllungsgehilfe ist, wer mit Wissen und Wollen des Schuldners in dessen Pflichtenkreis für diesen tätig wird. Die Verkäuferin schuldet dem Käufer allerdings nicht die Herstellung der Kaufsache, sondern nur deren Übergabe und Übereignung. Sähe man dies anders, würde die Grenze zwischen Kauf- und Werkvertrag verwischt.
Prüfer:	Das lässt sich gut hören. Wenn wir also über einen Schadensersatzanspruch nicht weiterkommen: Fällt Ihnen eine andere Anspruchsgrundlage ein?
Kandidat:	Auf Anhieb nicht …
Prüfer:	Ich helfe Ihnen Wie wäre es mit §§ 437 Nr. 1, 439 Abs. 2 BGB?
Kandidat:	Aber handelt es sich denn bei § 439 Abs. 2 BGB um eine Anspruchsgrundlage?
Prüfer:	Was meinen Sie?
Kandidat:	Naja, wenn man sich an der Legaldefinition des Anspruchs in § 194 BGB orientiert, dann kennzeichnet eine Anspruchsgrundlage, dass sie jemandem das Recht gewährt, von einem anderen ein Tun oder Unterlassen zu verlangen. Wenn ich mich am Wortlaut orientiere, dann scheint § 439 Abs. 2 BGB lediglich eine Kostenzuordnungsvorschrift zu sein. In Anspruchsgrundlagen des BGB heißt es doch sonst üblicherweise „kann verlangen", wie in § 439 Abs. 1 BGB, oder „ist verpflichtet", wie in §§ 433 Abs. 2, 823 Abs. 1 BGB.
Prüfer:	Gut. Fallen Ihnen neben dem Wortlaut noch andere Argumente für Ihre Ansicht ein? Eventuell durch einen Vergleich mit einer Regelung im Werkvertragsrecht?
Kandidat:	§ 635 Abs. 2 BGB ist vom Wortlaut her mit § 439 Abs. 2 BGB identisch. Der Aufwendungsersatzanspruch ist im Werkvertragsrecht dagegen in § 637 Abs. 1 BGB ausdrücklich geregelt. Diese Regelung wäre überflüssig, wenn es sich schon bei § 635 Abs. 2 BGB um eine Anspruchsgrundlage handeln würde. Es spricht wenig dafür, dass der Gesetzgeber zwei Normen gleich formuliert, sie aber unterschiedlich verstanden wissen wollte.
Prüfer:	Wozu würde es denn im Extremfall führen, wenn man § 439 Abs. 2 BGB als Anspruchsgrundlage verstünde?

Kandidat:	Der Käufer könnte im Ergebnis Mängel selbst beseitigen und die entsprechenden Kosten vom Verkäufer ersetzt verlangen. Dies liefe auf ein Selbstvornahmerecht hinaus, welches vom Gesetzgeber im Kaufrecht nicht gewollt ist.
Prüfer:	Woraus entnehmen Sie das?
Kandidat:	Der Gesetzgeber hat dem Verkäufer ein „Recht zur zweiten Andienung" gewährt. Dies ergibt sich daraus, dass sämtliche Gewährleistungsrechte grundsätzlich den Ablauf einer angemessenen Frist zur Nacherfüllung vorsehen.
Prüfer:	Das lässt sich alles gut hören, auch wenn die Rechtsprechung dies im Ergebnis – ganz im Interesse unseres Mandanten – anders sieht und § 439 Abs. 2 BGB als Anspruchsgrundlage versteht. Wenn wir nun der Rechtsprechung folgenFallen unter die Norm auch die Sachverständigenkosten unseres Mandanten?
Kandidat:	Es müsste sich dann dabei um zum Zwecke der Nacherfüllung erforderliche Aufwendungen handeln. Dagegen könnte sprechen, dass das Gutachten nicht der Behebung des Mangels diente, sondern der Klärung der Mangelursache. Andererseits war der Grund für die Beauftragung des Sachverständigen ja letztlich, dass unser Mandant damit seinen Nacherfüllungsanspruch durchsetzen wollte, auch wenn er später zur Minderung übergegangen ist. Die Kosten wurden damit also wohl letztlich „zum Zwecke der Nacherfüllung" aufgewandt.
Prüfer:	So sieht es im Ergebnis auch der Bundesgerichtshof. Was machen Sie, wenn Sie als Anwalt unsicher in Bezug auf die Erfolgsaussicht einer möglichen Klage sind? Können Sie dann eine bedingte Klage erheben?
Kandidat:	Nein, Handlungen, die ein Verfahren eröffnen oder beenden, sind stets bedingungsfeindlich. Es darf nicht in der Schwebe bleiben, ob zwischen den Parteien ein Rechtsstreit rechtshängig ist, da hiermit zahlreiche Wirkungen verbunden sind. In Betracht kommt allerdings ein Prozesskostenhilfeantrag, sofern die gesetzlichen Voraussetzungen hierfür vorliegen. Dieser böte den Vorteil, dass das Gericht vorab signalisieren würde, ob es Erfolgsaussichten sieht. Ich würde dann die Klageschrift als Entwurf beifügen.
Prüfer:	Was sind die Voraussetzungen für Prozesskostenhilfe?
Kandidat:	Diese sind in § 114 ZPO geregeltDer Antragsteller muss bedürftig sein, die Rechtsverfolgung bzw. -verteidigung muss hinreichende Aussicht auf Erfolg bieten und darf nicht mutwillig sein. Die tatsächlichen Angaben müssen ggf. glaubhaft gemacht werden, § 118 Abs. 2 S. 1 ZPO.
Prüfer:	Was meint Glaubhaftmachung?

Kandidat:	Es ist nicht wie sonst üblich die volle richterliche Überzeugung von der Wahrheit einer streitigen Behauptung erforderlich, sondern es genügt, dass das Gericht diese für überwiegend wahrscheinlich hält. Mittel der Glaubhaftmachung sind sämtliche Beweismittel, sofern sie präsent sind (§ 294 Abs. 2 ZPO), zusätzlich die Versicherung an Eides statt (§ 294 Abs. 1 ZPO).
Prüfer:	Wo spielt die Glaubhaftmachung in der ZPO noch eine Rolle?
Kandidat:	Glaubhaftmachung genügt zum Beispiel auch beim Wiedereinsetzungsantrag (§ 236 Abs. 2 S. 1 ZPO) und im vorläufigen Rechtsschutz (§§ 920 Abs. 2, 936 ZPO).
Prüfer:	Sie haben vorhin von den Wirkungen der Rechtshängigkeit gesprochen. Welches sind diese und worin unterscheidet sich die Rechtshängigkeit von der Anhängigkeit?
Kandidat:	Anhängigkeit tritt bereits mit Eingang der Klage bei Gericht ein, Rechtshängigkeit erst mit Zustellung der Klage an den Gegner, §§ 261 Abs. 1, 253 Abs. 1 ZPO. Prozessual führt die Rechtshängigkeit zur Unzulässigkeit einer erneuten Klage und zur Fortdauer der Zuständigkeit, § 261 Abs. 3 ZPO. Zu den materiell-rechtlichen Wirkungen zählen die Hemmung der Verjährung, geregelt in § 204 Abs. 1 Nr. 1 BGB, der Verzugseintritt, geregelt in § 286 Abs. 1 S. 2 BGB, der Zinsanspruch aus § 291 BGB und Haftungsverschärfungen aus §§ 292, 818 Abs. 4, 987 Abs. 2 BGB.
Prüfer:	Angenommen, ich habe als Beklagter in einem Prozess gegen die Klageforderung hilfsweise aufgerechnet. Kann ich diese Gegenforderung dann trotzdem noch selbst einklagen, zum Beispiel im selben Prozess in Form der Eventual-Widerklage?
Kandidat:	Ja, weil die Aufrechnung nicht zur Rechtshängigkeit der Gegenforderung geführt hat. Dies ergibt sich daraus, dass es sich bei der Aufrechnung nicht um eine „Klage" handelt, wie von § 261 Abs. 1 ZPO vorausgesetzt, sondern um ein bloßes Verteidigungsmittel. Zudem wäre § 204 Abs. 1 Nr. 5 BGB ansonsten neben § 204 Abs. 1 Nr. 1 BGB überflüssig.
Prüfer:	Wann ist eine Hilfsaufrechnung verbunden mit einer Hilfswiderklage prozesstaktisch sinnvoll?
Kandidat:	Wenn ich als Beklagter unsicher bin, ob das Gericht die Klageforderung als bestehend erachten wird, weil die Tatsachen zwischen den Parteien streitig sind und eine sichere Beweisprognose nicht abgegeben werden kann. Die Aufrechnung erfolgt dann unter der zulässigen innerprozessualen Bedingung, dass die Klageforderung besteht. Mit einer Primäraufrechnung liefe ich Gefahr, meine Gegen-

forderung vorschnell zu „verbrauchen". Die Widerklage steht unter der Bedingung, dass die Klageforderung nicht besteht, weil dann ja die Aufrechnung „ins Leere gegangen" ist. Das Risiko einer Streitwerterhöhung gemäß § 45 Abs. 1, Abs. 3 GKG muss dabei in Kauf genommen werden.

Vertiefungshinweise

Der Fall basiert auf dem Urteil des BGH vom 30.4.2014, VIII ZR 275/13, abgedruckt in NJW 2014, 2351. Der Fall wird besprochen von *Lorenz* NJW 2014, 2319 und *Schwab* JuS 2015, 361.

Zu § 439 Abs. 2 BGB:	*Hellwege* AcP 206 (2006), 136
Sachmangel aufgrund einer unzulänglichen Bedienungsanleitung:	OLG München MDR 2006, 1338
Prozessaufrechnung:	*Wolf* JA 2008, 673 und 753 *Eicker* JA 2020, 48 und 132
Beweisrecht:	*Kellermann-Schröder* JA 2016, 137; *Stein* JuS 2016, 896; *Kalbfleisch* JuS 2020, 722
Reichweite der Vermutungswirkung des § 476 BGB:	BGH NJW 2017, 1093 (besprochen von *Gutzeit* in JuS 2017, 357)
Reichweite der Verjährungshemmung im Kaufrecht:	BGH NJW 2016, 2493 (besprochen von *Riehm* in JuS 2016, 1120)
Zweckmäßigkeitserwägungen in der Anwaltsklausur (Klägervertreter):	von *Katte/Danfa* JA 2016, 847 und 932
Systematischer Vergleich von Kaufrecht und Werkvertragsrecht:	*Gerlach/Manzke* JuS 2019, 426

Fall 7
Schlüsselerlebnis

Materielles Recht:	Mietrecht (Schadensersatz, Schönheitsreparaturen, Verjährung), Sachenrecht (Besitz), BGB AT (Wissenszurechnung)
Prozessrecht:	Mahnverfahren, Zuständigkeiten, negative Feststellungsklage

Prüfer: *Stellen Sie sich vor, Sie sind Anwalt/Anwältin und zu Ihnen kommt ein Mandant, der Folgendes schildert:*

„Ich habe Probleme mit meinem ehemaligen Vermieter. Das Mietverhältnis endete zum 31.12.2018. Beim Auszug habe ich aus Versehen den Parkettboden und einen Türrahmen beschädigt, das gebe ich zu. Allerdings glaube ich, dass der Vermieter deswegen jetzt keinen Schadensersatz mehr von mir verlangen kann, weil ich von einer Freundin, die Jura studiert, gehört habe, dass er da sehr schnell hätte sein müssen. Mein Vermieter hat zwar einen Antrag auf Erlass eines Mahnbescheids gestellt, der am 30.6.2019 bei Gericht eingegangen ist. Allerdings habe ich die Wohnungsschlüssel doch schon am 20.12.2018 an die Hauswartsfrau Frau Sommer abgegeben. Das bestreitet mein ehemaliger Vermieter auch nicht. Die Frau Sommer hatte mit mir damals auch die Wohnungsbesichtigung durchgeführt. Ich habe deswegen gegen den Mahnbescheid Widerspruch eingelegt.“

Was würden Sie in der Sache zunächst prüfen?

Kandidat: Die Zulässigkeit des Widerspruchs, also insbesondere die Einhaltung der Frist. Diese beträgt gemäß § 692 Abs. 1 Nr. 3 ZPO zwei Wochen ab Zustellung des Mahnbescheids.

Prüfer: Führt denn eine Versäumung der Frist stets zur Unzulässigkeit des Widerspruchs?

Kandidat: Nein, ein Widerspruch kann erfolgen, solange der Vollstreckungsbescheid nicht verfügt ist, § 694 Abs. 1 ZPO.

Prüfer: Was meint „verfügt"?

Kandidat: Damit ist sein Erlass gemeint, also der Zeitpunkt, in dem der Geschäftsstellenbeamte den Vollstreckungsbescheid im Geschäftsgang aus dem inneren Gerichtsbetrieb hinausgibt.

Prüfer: Was geschieht mit einem verspäteten Widerspruch?

Kandidat:	Ein solcher wird nicht zurückgewiesen, sondern als Einspruch behandelt, § 694 Abs. 2 S. 1 ZPO.
Prüfer:	Was geschieht, wenn rechtzeitig Widerspruch eingelegt wird, der Richter diesen aber übersieht und den Vollstreckungsbescheid erlässt?
Kandidat:	In diesem Fall wird § 694 Abs. 2 ZPO entsprechend angewandt.
Prüfer:	Das stimmt, allerdings enthält meine Frage einen Fehler, den Sie hätten bemerken sollen.
Kandidat:	Es ist nicht der Richter, der den Vollstreckungsbescheid erlässt, sondern der Rechtspfleger. Dies ergibt sich aus § 20 Abs. 1 Nr. 1 RPflG.
Prüfer:	Genau. Wobei allerdings der Vollständigkeit halber hinzuzufügen ist, dass die Landesregierungen ermächtigt sind, das Mahnverfahren im Rahmen des § 36b Abs. 1 S. 1 Nr. 2 RPflG auf den Urkundsbeamten der Geschäftsstelle zu übertragen. Was wäre denn, wenn anstelle des Rechtspflegers doch ein Richter den Vollstreckungsbescheid erlässt?
Kandidat:	Dies würde die Wirksamkeit des Vollstreckungsbescheids nicht berühren, § 8 Abs. 1 RPflG.
Prüfer:	Welches Gericht ist für den Erlass eines Mahnbescheids zuständig?
Kandidat:	Grundsätzlich das Amtsgericht, in dem der Antragsteller seinen allgemeinen Gerichtsstand hat, § 689 Abs. 2 S. 1 ZPO. Allerdings haben die Bundesländer auf der Grundlage von § 689 Abs. 3 ZPO zentrale Mahngerichte eingerichtet.
Prüfer:	Und wo landet das Verfahren dann nach Widerspruch bzw. Einspruch?
Kandidat:	Grundsätzlich bei dem Gericht, das in dem Mahnbescheid gemäß § 692 Abs. 1 Nr. 1 ZPO bezeichnet worden ist, § 696 Abs. 1 S. 1 ZPO.
Prüfer:	Angenommen, es besteht eine Wahl des Antragstellers unter mehreren Gerichtsständen gemäß § 35 ZPO. Kann er dann nach Einlegung des Widerspruchs noch einen anderen Gerichtsstand wählen?
Kandidat:	Nein, mit der freien Gerichtsstandsbestimmung im Mahnantrag hat er die Wahl bereits ausgeübt. Sein Wahlrecht ist also verbraucht.
Prüfer:	Wonach bestimmt sich denn in unserem Fall die Zuständigkeit?
Kandidat:	Für Wohnraummietsachen sind sachlich ausschließlich die Amtsgerichte zuständig, § 23 Nr. 2a GVG. Örtlich ist ausschließlich das Gericht zuständig, in dessen Bezirk sich die Räume befinden, § 29a ZPO.

Prüfer:	Gut, nehmen wir an, Sie kommen zu dem Ergebnis, dass Ihr Mandant rechtzeitig Widerspruch eingelegt hat. Hat der ehemalige Vermieter einen Schadensersatzanspruch gegen Ihren Mandanten?
Prüfer:	Ein solcher könnte sich aus §§ 280 Abs. 1, 241 Abs. 2 BGB ergeben. Unser Mandant hat schuldhaft die Mietsache beschädigt und damit eine Pflicht aus dem Mietverhältnis verletzt. Es kommt daher zur Verteidigung nur die Einrede der Verjährung aus § 214 BGB in Betracht.
Prüfer:	Welcher Verjährungsfrist unterliegt denn der Schadensersatzanspruch des Vermieters?
Kandidat:	Einer Verjährungsfrist von sechs Monaten, beginnend mit dem Zeitpunkt, in dem der Vermieter die Mietsache zurückerhält, § 548 Abs. 1 BGB. Der Zeitpunkt der Beendigung des Mietverhältnisses spielt demnach keine Rolle.
Prüfer:	Wann hat unser Vermieter denn die Wohnung zurückerhalten?
Kandidat:	Ich würde sagen, hierfür ist erforderlich, dass der Mieter den Besitz an der Wohnung vollständig aufgibt und an den Vermieter überträgt, das heißt, die Schlüssel zurückgibt. Hier hat ja zunächst lediglich die Hauswartfrau den Besitz erhalten …
Prüfer:	Muss denn ein Besitzer stets selbst die unmittelbare Sachherrschaft innehaben?
Kandidat:	Nein, wenn er Besitzherr ist, genügt es, wenn sein Besitzdiener die tatsächliche Gewalt über die Sache ausübt, § 855 BGB. Die Hauswartfrau dürfte hier Besitzdienerin des Vermieters sein, da sie in einem weisungsgebundenen Angestelltenverhältnis stand und mit Wissen und Wollen des Vermieters die Sachherrschaft über die Wohnungen ausübte.
Prüfer:	Einverstanden. Fällt Ihnen noch ein Fall ein, in dem jemand Besitzer ist, aber nicht die tatsächliche Sachherrschaft ausübt?
Kandidat:	Der mittelbare Besitzer, § 868 BGB.
Prüfer:	Wo hat diese Unterscheidung außerhalb des Zivilrechts noch eine Bedeutung?
Kandidat:	Im Strafrecht bei den EigentumsdeliktenDer Besitzdiener ist zwar zivilrechtlich selbst kein Besitzer, hat aber Gewahrsam. Der mittelbare Besitzer ist zivilrechtlich Besitzer, hat aber keinen Gewahrsam.
Prüfer:	Gut. Würden Sie sagen, dass damit durch Schlüsselübergabe an die Hauswartfrau die Voraussetzungen des § 548 Abs. 1 S. 2 BGB erfüllt waren?
Kandidat:	Nach dem Wortlaut scheint die Besitzübertragung zu genügen.

Prüfer:	Ich helfe IhnenWelchen Sinn und Zweck hat denn die kurze Verjährungsfrist?
Kandidat:	Der Gesetzgeber will damit eine möglichst schnelle Klärung bestehender Ansprüche im Zusammenhang mit dem Zustand der Mietsache erreichen. Die Beweissituation verschlechtert sich ja schnell, sobald ein neuer Mieter einzieht.
Prüfer:	Richtig. Der Vermieter soll sich also schnell ein umfassendes Bild von möglichen Verschlechterungen der Mietsache machen. Dafür muss er aber nicht nur die tatsächliche Sachherrschaft an der Sache wiedererlangen, sondern er muss auch wissen, dass der Mieter den Besitz aufgegeben hat. Hatte er hier eine solche Kenntnis?
Kandidat:	Zu seiner eigenen Kenntnis weiß ich nichts, eventuell könnte ihm die Kenntnis der Hauswartfrau zuzurechnen sein. Allerdings fällt mir da jetzt keine Zurechnungsnorm ein …
Prüfer:	Schauen Sie mal im Stellvertretungsrecht.
Kandidat:	§ 166 Abs. 1 BGB sieht vor, dass der Vertretene sich die Kenntnis seines Vertreters zurechnen lassen muss. Eine direkte Anwendung scheidet aus, weil es schon an einer Willenserklärung fehlt; die Besitzübertragung stellt einen Realakt dar. Die Rechtsprechung wendet § 166 Abs. 1 BGB allerdings analog auch auf „Wissensvertreter" an.
Prüfer:	Welches ist denn der allgemeine Rechtsgedanke hinter § 166 Abs. 1 BGB?
Kandidat:	Derjenige, der einen anderen mit der Erledigung bestimmter Angelegenheiten in eigener Verantwortung betraut, muss sich das in diesem Rahmen erlangte Wissen des anderen zurechnen lassen. Die Hauswartfrau wäre also nur dann Wissensvertreterin, wenn sie vom Vermieter damit beauftragt war, als dessen Repräsentantin eigenverantwortlich die Wohnungsschlüssel zum Zwecke der Wohnungsübergabe entgegenzunehmen.
Prüfer:	Das haben Sie richtig festgestellt. An dieser Stelle ergänze ich den SachverhaltDie Hauswartfrau war zwar mit Wohnungsbesichtigungen, nicht aber mit Wohnungsabnahmen beauftragt.
Kandidat:	Dann ist sie bei der Entgegennahme der Schlüssel nicht als beauftragte Repräsentantin des Vermieters aufgetreten und es liegt kein Fall der Wissensvertretung vor. Der Vermieter muss sich nicht die Kenntnis der Hauswartfrau zurechnen lassen.
Prüfer:	Wenn der Vermieter nun unwiderlegbar vorträgt, dass er selbst erst am 31.12.2018 Kenntnis von der Besitzaufgabe erlangt hatIst dann Verjährung eingetreten?

Kandidat:	Nein, weil die Verjährung rechtzeitig gehemmt wurde durch den Mahnantrag vom 30.6.2019. Zwar kommt es grundsätzlich auf die Zustellung des Mahnbescheids an, § 204 Abs. 1 Nr. 3 BGB. Die Zustellung wirkt jedoch auf den Zeitpunkt der Antragstellung zurück, wenn die Zustellung demnächst erfolgt, § 167 ZPO, wovon hier auszugehen sein dürfte.
Prüfer:	Was bedeutet „demnächst"?
Kandidat:	Die Zustellung muss in angemessenem zeitlichem Abstand zum Fristende erfolgen. Wenn die Verzögerung auf Nachlässigkeit des Antragstellers beruht, hält die Rechtsprechung bis zu zwei Wochen für unschädlich. Ansonsten gibt es keine absolute zeitliche Obergrenze. Durch das Gericht verursachte Verzögerungen muss sich der Antragsteller grundsätzlich nicht zurechnen lassen.
Prüfer:	So ist es. Ich möchte aber nicht unerwähnt lassen, dass teilweise unter Hinweis auf § 691 Abs. 2 ZPO auch ein Monat noch für unschädlich gehalten wird, damit der Antragsteller nicht schlechter steht als im Falle einer Zurückweisung des Mahnantrags. Wie gehen Sie nun in unserem Fall weiter vor?
Kandidat:	Eine Rechtsverteidigung hat keine Aussicht auf Erfolg. Ich würde deshalb über eine möglichst kostengünstige Beendigung des Verfahrens nachdenken. Mein Mandant könnte den Anspruch anerkennen, § 307 ZPO.
Prüfer:	Nicht so schnell. Gibt es hier nicht einen einfacheren Weg? Denken Sie daranDer Mandant hat Widerspruch gegen den Mahnbescheid eingelegt.
Kandidat:	Ich könnte den Widerspruch zurücknehmen. Dies ist nach § 697 Abs. 4 S. 1 ZPO bis zum Beginn der mündlichen Verhandlung des Mandanten zur Hauptsache möglich.
Prüfer:	Was wird das Gericht dann veranlassen?
Kandidat:	Es wird die Rücknahme dem Antragsteller mitteilen und auf dessen Antrag hin einen Vollstreckungsbescheid erlassen.
Prüfer:	Was denken Sie, warum hat der Gesetzgeber in § 697 Abs. 4 S. 1 ZPO vorgesehen, dass eine Rücknahme des Widerspruchs ausscheidet, wenn schon ein Versäumnisurteil ergangen ist?
Kandidat:	Mit der Rücknahme wird der Rechtsstreit beendet, die Rechtshängigkeit entfällt. Damit entfiele auch der Titel des Antragstellers in Form des Versäumnisurteils. Es wäre nun äußerst umständlich und prozessunökonomisch, den Antragsteller auf die Beantragung eines Vollstreckungsbescheids zu verweisen, der ja letztlich nichts anderes als ein Versäumnisurteil ist, § 700 Abs. 1 ZPO.

Prüfer:	Sehr schön. An dieser Stelle hat ihr Mandant noch etwas auf dem Herzen:

„Der Mietvertrag sah vor, dass ich als Mieter die Schönheitsreparaturen durchführen muss. Ich habe deshalb beim Auszug auch die Wohnung frisch gestrichen. Von meiner Freundin, der Jura-Studentin, habe ich allerdings jetzt gehört, dass die konkrete Regelung unwirksam ist. Wenn dem so ist, dann möchte ich vom Vermieter das Geld hierfür erstattet bekommen.“

Unterstellen Sie, dass wir es tatsächlich mit einem Formular-Mietvertrag und einer starren und damit unwirksamen Schönheitsreparaturklausel zu tun haben. Sehen Sie einen Anspruch des Mandanten?

Kandidat: Die Verwendung unwirksamer AGB kann eine vorvertragliche Pflichtverletzung darstellen, sodass sich ein Schadensersatzanspruch aus §§ 280 Abs. 1, 311 Abs. 2, 241 Abs. 2 BGB ergeben kann. Ein Verschuldensvorwurf kann dem Vermieter allerdings nur gemacht werden, wenn zum Zeitpunkt des Vertragsschlusses die Klausel schon durch die Rechtsprechung für unwirksam erklärt worden ist.

Prüfer: Das stimmt. Wenn dem nun nicht so sein sollte: Fallen Ihnen noch andere Anspruchsgrundlagen ein?

Kandidat: In Betracht kommt ein Aufwendungsersatzanspruch aus Geschäftsführung ohne Auftrag, §§ 539 Abs. 1, 683 S. 1, 677, 670 BGB. Hierbei handelt es sich um eine Rechtsgrundverweisung, sodass alle Voraussetzungen der GoA vorliegen müssen. Dafür müsste der Mandant ein fremdes Geschäft geführt haben, also ein solches, das in den Pflichten- und Interessenkreis des Vermieters fällt. Eigentlich ist die Durchführung von Schönheitsreparaturen Aufgabe des Vermieters, § 535 Abs. 1 S. 2 BGB. Dabei bleibt es auch im vorliegenden Fall, weil ja die Abwälzung auf den Mieter unwirksam war.

Prüfer: Einverstanden. Was braucht es noch für eine GoA?

Kandidat: Ein Fremdgeschäftsführungswille. Dieser fehlt vorliegend, weil der Mandant zum Zeitpunkt der Vornahme der Schönheitsreparaturen ja von der Wirksamkeit der Klausel ausging, das heißt, er nahm an, zu ihrer Vornahme verpflichtet zu sein und damit ein ausschließlich eigenes Geschäft wahrzunehmen.

Prüfer: Das lässt sich gut hören. Kommt noch ein Anspruch in Betracht?

Kandidat: Ein Anspruch aus ungerechtfertigter Bereicherung, §§ 812 Abs. 1 S. 1, 2. Fall, 818 Abs. 2 BGB. Der Mandant hat die Schönheitsreparaturen aufgrund einer unwirksamen Klausel und damit ohne Rechtsgrund erbracht.

Prüfer: Richtig. Gehen wir davon aus, dass ein solcher Anspruch hier entstanden ist. Sehen Sie Probleme bei der Geltendmachung?

Kandidat:	Es ist zu erwarten, dass der Vermieter ebenfalls die Einrede der Verjährung erheben wird. Wenn hier ebenfalls die sechsmonatige Verjährungsfrist aus § 548 Abs. 2 BGB eingreift, hat unser Mandant schlechte Karten. Die sechs Monate nach Beendigung des Mietverhältnisses sind verstrichen.
Prüfer:	Und, gilt diese hier?
Kandidat:	Dann müsse dem Mandanten ein Anspruch auf „Ersatz von Aufwendungen" zustehen. Es ist fraglich, ob der Mandant hier wirklich ein freiwilliges Vermögensopfer erbracht hat.
	Allerdings würde ich nicht so sehr am Wortlaut haften, sondern wieder mit dem Zweck des § 548 BGB argumentieren. Eine rasche Klärung wechselseitiger Ansprüche erfordert eine weite Auslegung. Es müssen daher alle Verbesserungen der Mietsache erfasst sein. Ich werde deshalb den Mandanten darauf hinweisen, dass mit großer Wahrscheinlichkeit der Anspruch nicht durchsetzbar sein wird.
Prüfer:	So sieht es auch die Rechtsprechung. Angenommen, unser Mandant hatte sich bereits gegenüber dem Vermieter eines solchen Anspruchs berühmt. Dieser wollte das nicht auf sich sitzen lassen und hat – innerhalb der Frist des § 548 Abs. 2 BGB – eine negative Feststellungsklage erhoben. Wurde hierdurch eventuell zugunsten des Mandanten die Verjährung seines Anspruchs gehemmt?
Kandidat:	In § 204 Abs. 1 Nr. 1 BGB heißt es: „Erhebung der Klage auf Leistung oder Feststellung des Anspruchs". Darunter kann man ohne Weiteres auch die negative Feststellungsklage fassen. Der Wortlaut verlangt nicht, dass der Berechtigte klagt. Positive und negative Feststellungsklage unterscheiden sich auch nicht in ihrer Rechtskraftwirkung, weil diese sich stets auch auf das kontradiktorische Gegenteil erstreckt.
Prüfer:	Können Sie ein Argument aus dem Zweck der Verjährungstatbestände gewinnen?
Kandidat:	Diese dienen der Schaffung von Rechtssicherheit und Rechtsfrieden, ferner der Verhinderung von Beweisschwierigkeiten. Diese Zwecke dürften ebenso gut durch eine negative Feststellungsklage erreicht werden, da mit dieser ebenfalls auf eine verbindliche Klärung des Rechtsstreits hingewirkt wird.
Prüfer:	Fallen Ihnen auch Argumente für die Gegenansicht ein?
Kandidat:	Die Verjährungshemmung wirkt ausschließlich zugunsten des Gläubigers. Es passt deshalb nicht so richtig ins System, wenn der Schuldner durch seine Klageerhebung eine ihm nachteilige Verjährungshemmung herbeiführt. Dies dürfte dem Willen des Schuldners geradezu zuwider laufen.

Prüfer:	So sieht es im Ergebnis auch die Rechtsprechung. Wenn wir dieser Ansicht folgenWas ist mit dem Antrag des Mandanten auf Abweisung der negativen Feststellungsklage?
Kandidat:	Dies genügt dann auch nicht für eine Verjährungshemmung, da eine bloße Verteidigung keine „Klage" darstellt.
Prüfer:	Wenn wir hier der Rechtsprechung folgenWas hätte der Mandant also tun müssen?
Kandidat:	Er hätte selbst innerhalb der laufenden Verjährungsfrist eine Leistungsklage erheben müssen.
Prüfer:	Was wäre dann mit der negativen Feststellungsklage geschehen?
Kandidat:	Sie wäre unzulässig geworden, da das Feststellungsinteresse entfällt, sobald eine auf Durchsetzung desselben Anspruchs gerichtete Leistungsklage erhoben wird und nicht mehr einseitig zurückgenommen werden kann. Die negative Feststellungsklage wäre also für erledigt zu erklären.
Prüfer:	Wenn Sie sich jetzt noch einmal den ersten Teil unseres Gesprächs in Erinnerung rufenFällt Ihnen eine Möglichkeit ein, wie der Mandant seinen verjährten Bereicherungsanspruch doch noch nutzen könnte, um sich gegen die Schadensersatzforderung aus dem Mahnbescheid zur Wehr zu setzen?
Kandidat:	Statt den Widerspruch zurückzunehmen, könnte er mit dem Bereicherungsanspruch aufrechnen. Die Verjährung schließt die Aufrechnung nicht aus, da der Bereicherungsanspruch noch nicht verjährt war, als der Mandant erstmals aufrechnen konnte, § 215 BGB.
Prüfer:	Richtig.

Vertiefungshinweise

Der erste Teil des Gespräches basiert auf dem Urteil des BGH vom 23.10.2013, VIII ZR 402/12, abgedruckt in NJW 2014, 684. Besprochen wird das Urteil von *Looschelders* JA 2014, 226 sowie *Streyl* NJW 2014, 665.

Zu Ansprüchen des Mieters bei unwirksamer Formularklausel:	BGH NJW 2009, 2590
Schönheitsreparaturklauseln – Grundlagen und aktuelle Entwicklungen:	*Pieronczyk/Tayaranian* JA 2019, 248
Grundfälle zum Mietrecht:	*Löhnig/Gietl* JuS 2011, 107 und 202
Zur Frage der Verjährungshemmung durch negative Feststellungsklage:	BGH NJW 2012, 3633
Aktuelles zur negativen Feststellungsklage:	*Thole* NJW 2013, 1192

Fall 8
Kein Anschluss unter dieser Nummer

Materielles Recht:	Abgrenzung Dienstvertrag – Werkvertrag, Schadensersatzrecht (Nutzungsausfall, Vorteilsausgleichung)
Prozessrecht:	Streitwert, Zuständigkeiten, Gerichtsstandsvereinbarung, Versäumnisurteil

Prüfer: *Sie sind Einzelrichter am Amtsgericht Lichtenberg in Berlin und auf Ihrem Tisch landet folgende Akte:*

Der Kläger begehrt Schadensersatz für den Ausfall seines Internetanschlusses. Er hatte mit der beklagten GmbH, einem Telekommunikationsunternehmen mit Sitz in Berlin Lichtenberg, einen Vertrag über einen DSL-Anschluss geschlossen, über den er auch seinen Telefon- und Telefaxverkehr abwickelte. Zum 15.12.2019 vereinbarten die Parteien einen Tarifwechsel, ab diesem Datum war jedoch der Anschluss des Klägers unterbrochen, was der Kläger sofort erfolglos anmahnte. Schließlich kündigte er am 31.12.2019 den Vertrag und wechselte zu einem anderen Anbieter. Dort erhielt er am 24.1.2020 einen neuen Anschluss.

Der Kläger begehrt nun

1.) Ersatz der Mehrkosten für den Wechsel zu dem anderen Anbieter (500 €)

2.) Ersatz der Mehrkosten, die ihm dadurch entstanden sind, dass er sein (nicht internetfähiges) Mobiltelefon in den 40 Tagen verstärkt nutzen musste (30 €)

3.) Schadensersatz für den Fortfall der Möglichkeit, seinen DSL-Anschluss für das Telefonieren aus dem Festnetz, das Faxen und Surfen im Internet zu nutzen, i.H.v. 50 € täglich, mithin 2.000 €.

Was tun Sie zunächst?

Kandidat: Ich prüfe als erstes, ob ich zuständig bin und ob der Gerichtskostenvorschuss eingezahlt ist. Wenn dies der Fall ist, bestimme ich die Verfahrensart und verfüge die Zustellung der Klageschrift an die Beklagte, § 271 Abs. 1 ZPO.

Prüfer: Welche Verfahrensarten stehen Ihnen denn zur Verfügung?

Kandidat:	Ich kann entweder einen frühen ersten Termin bestimmen oder ein schriftliches Vorverfahren veranlassen, § 272 Abs. 2 ZPO.
Prüfer:	Wie sieht es denn mit der Zuständigkeit aus?
Kandidat:	Die sachliche Zuständigkeit des Amtsgerichts folgt aus §§ 23 Nr. 1, 71 Abs. 1 GVG i.V.m. § 1 ZPO. Nach Addition aller Ansprüche gemäß § 5, 1. Hs. ZPO liegt der Streitwert unter 5.000 €.
Prüfer:	Vorsicht, an dieser Stelle haben Sie sich nicht ganz richtig ausgedrückt.
Kandidat:	Ich korrigiere michEntscheidend ist, dass der Streitwert die Summe von 5.000 € nicht übersteigt. Erst ab einem Streitwert von 5.000,01 € wären sachlich die Landgerichte zuständig.
Prüfer:	Genau. Wie wäre es, wenn der Kläger 5.000 € plus Zinsen eingeklagt hätte?
Kandidat:	Dann wäre auch die Zuständigkeit zu den Amtsgerichten eröffnet, weil Nebenforderungen gemäß § 4 Abs. 1, 2. Hs. ZPO unberücksichtigt bleiben.
Prüfer:	Welche anderen Streitwerte kennen Sie neben dem Zuständigkeitsstreitwert?
Kandidat:	Den Gebührenstreitwert, der sich nach den §§ 39 ff. GKG bestimmt, und den Rechtsmittelstreitwert, der bei Berufungen 600 € übersteigen muss, § 511 Abs. 2 Nr. 1 ZPO.
Prüfer:	Wie sieht es in unserem Fall mit der örtlichen Zuständigkeit aus?
Kandidat:	Diese ergibt sich aus dem allgemeinen Gerichtsstand juristischer Personen, §§ 12, 17 ZPO, da die beklagte GmbH ihren Sitz in Berlin Lichtenberg hat.
Prüfer:	Einverstanden. Bitte prüfen Sie die Begründetheit der Klage.
Kandidat:	Ich beginne mit den Mehrkosten für den Wechsel zu dem anderen Anbieter. Ein Schadensersatzanspruch könnte sich aus §§ 280 Abs. 1, Abs. 3, 281 BGB ergeben. Es dürfte sich hier um einen Schaden statt der Leistung handeln, weil der Schaden ja entfallen wäre, wenn der Beklagte seine Leistung – das Bereitstellen des Anschlusses – noch erbracht hätte. Das Deckungsgeschäft ist eine Reaktion des Klägers auf das endgültige Ausbleiben der Leistung.
Prüfer:	Gut. Für die Frage des Schuldverhältnisses spielt die genaue Einordnung des Vertrages eigentlich keine Rolle. TrotzdemWelchen Vertragstypus würden Sie hier annehmen?
Kandidat:	In Betracht kommen ein Dienst- und ein Werkvertrag. Die Abgrenzung erfolgt danach, ob ein bloßes Tätigwerden oder die Herbeiführung eines Erfolgs geschuldet ist. Ein Provider hat nur begrenzte Leitungskapazitäten; das jederzeitige Zustandekommen einer Inter-

	netverbindung kann er nicht versprechen. Er schuldet mithin nur das sachgerechte Bemühen um die Herstellung einer Internetverbindung, sodass ein Dienstvertrag vorliegt.
Prüfer:	Einverstanden. Worin liegt die Pflichtverletzung?
Kandidat:	Im Ausfall des Anschlusses, und zwar auch noch nach Fristablauf.
Prüfer:	Aber haben wir nicht gerade festgestellt, dass die Beklagte keinen Erfolg, sondern nur ein Bemühen um Herstellung der Verbindung schuldete?
Kandidat:	Schon, aber ich würde trotzdem sagen, dass ein vollständiger Leistungsausfall über einen längeren Zeitraum eine Pflichtverletzung darstellt. Ansonsten hätte der Dienstberechtigte überhaupt keine Möglichkeit, hierauf zu reagieren, zum Beispiel mittels einer fristlosen Kündigung. Den Interessen des Dienstverpflichteten wird beim Schadensersatz ausreichend Rechnung getragen durch das zusätzliche Erfordernis des Verschuldens.
Prüfer:	Das ist richtig. Und, liegt ein Verschulden hier vor?
Kandidat:	Ein solches wird gemäß § 280 Abs. 1 S. 2 BGB vermutet. Es kann dahinstehen, ob es sich auf den ursprünglichen Ausfall des Internets bezieht oder die Nicht-Wiederherstellung des Anschlusses innerhalb einer angemessenen Frist, da die Beklagte sich in keiner Weise exkulpiert hat.
Prüfer:	Gut. Wie beurteilen Sie den haftungsausfüllenden Tatbestand?
Kandidat:	Der Geschädigte ist vermögensrechtlich so zu stellen, wie er ohne das schädigende Ereignis stünde. Bei ordnungsgemäßer Bereitstellung des Anschlusses durch die Beklagte wären die Mehrkosten beim anderen Anbieter nicht angefallen. Es liegt daher ein ersatzfähiger Schaden vor.
Prüfer:	Wie sieht es mit den Mehrkosten für das Mobiltelefon aus?
Kandidat:	Diese würde ich als Schadensersatz neben der Leistung ersetzen. Diese Kosten wären ja auch durch eine spätere Leistung der Beklagten nicht wieder entfallen. Da sie auf dem Ausbleiben der Leistung beruhen, sind sie als Verzögerungsschaden gemäß §§ 280 Abs. 1, Abs. 2, 286 BGB ersatzfähig. Der Kläger hat sofort gemahnt, als die fällige Leistung ausgeblieben ist. Auch hier fehlt es an einer Exkulpation durch die Beklagte, § 286 Abs. 4 BGB.
Prüfer:	Sprechen Sie schließlich auch den Nutzungsausfall zu?
Kandidat:	Nutzungsausfall ist grundsätzlich als Schadensersatz neben der Leistung nach § 280 Abs. 1 BGB ersatzfähig. Allerdings spricht die Rechtsprechung einen solchen nur zu beim Ausfall von Wirtschaftsgütern, deren ständige Verfügbarkeit für die Lebenshaltung typischerweise von zentraler Bedeutung ist.

Prüfer:	Warum diese Einschränkung?
Kandidat:	Weil Schadensersatz grundsätzlich nur für Vermögensschäden gewährt wird, wie sich aus einem Umkehrschluss aus § 253 BGB ergibt. Von einem Vermögensschaden kann aber nur die Rede sein, wenn eine objektiv messbare Nutzungseinbuße vorliegt. Es muss ein wirtschaftlicher Schaden vorliegen; eine bloße Genussschmälerung genügt nicht.
Prüfer:	Und ist dies beim Ausfall des DSL-Anschlusses der Fall?
Kandidat:	Ich würde hier differenzieren, weil der Kläger den Anschluss ja in mehrfacher Hinsicht genutzt hatzum Faxen, Telefonieren und zum Surfen im Internet.
Prüfer:	Sehr gut. Wie sieht es mit der Nutzung zum Faxen aus?
Kandidat:	Ich würde sagen, im privaten Bereich ist der Einzelne nicht so stark auf die Verfügbarkeit eines Faxdienstes angewiesen, dass er beim Ausfall fühlbar in seiner Lebensgestaltung beeinträchtigt wäre. Der Postweg stellt ein gleichwertiges Äquivalent dar.
Prüfer:	Aber ein Fax zu versenden ist doch weniger aufwendig und geht schneller als einen Brief zu versenden.
Kandidat:	Das stimmt, aber diese Erleichterungen beim Fax-Verkehr reichen mir nicht aus, um eine messbare Auswirkung auf die Lebensgestaltung zu bejahen.
Prüfer:	Das lässt sich gut hören. Wie sieht es mit der Nutzung zum Telefonieren aus?
Kandidat:	Hier würde ich im Grundsatz Nutzungsersatz zusprechen, weil das Telefon seit Jahrzehnten ein zentrales Wirtschaftsgut sein dürfte. Allerdings hat der Kläger auf ein Mobiltelefon zurückgegriffen und damit den Ausfall vollständig kompensiert. Die Kosten hierfür haben wir ihm bereits zugesprochen.
Prüfer:	Richtig. Gegen welchen Grundsatz würden wir verstoßen, wenn wir dem Kläger beides zusprächen?
Kandidat:	Gegen das schadensrechtliche Bereicherungsverbot. Der Geschädigte darf durch das schädigende Ereignis nicht schlechter, aber auch nicht besser gestellt sein, als er ohne dieses stünde.
Prüfer:	Gut. Können Sie diesen Grundsatz auf den Ausfall eines Pkw übertragen?
Kandidat:	Auch in diesen Fällen spricht die Rechtsprechung *entweder* die Kosten für die Anmietung eines Ersatz-Pkw zu *oder* – wenn der Geschädigte auf die Anmietung eines Ersatz-Pkw verzichtet – eine Nutzungsausfallentschädigung.
Prüfer:	Sprechen die Gerichte tatsächlich die vollen Mietwagenkosten zu?

Kandidat:	Nein, grundsätzlich muss der Geschädigte sich anrechnen lassen, dass er die Abnutzung seines eigenen Pkw erspart. Hierfür werden etwa 10 % der Mietwagenkosten angesetzt.
Prüfer:	Welcher Grundgedanke verbirgt sich dahinter?
Kandidat:	Der Grundsatz der Vorteilsausgleichung. Der Geschädigte muss sich Vorteile anrechnen lassen, die in adäquatem Kausalzusammenhang mit dem schädigenden Ereignis stehen. Allerdings muss die Anrechnung dem Geschädigten zumutbar sein und darf den Schädiger nicht unbillig entlasten.
Prüfer:	Können Sie dem Gesetz entnehmen, dass der Gesetzgeber das Problem der Vorteilsausgleichung ebenfalls gesehen hat?
Kandidat:	In § 326 Abs. 2 S. 2 BGB ist eine Vorteilsanrechnung vorgesehen. In § 843 Abs. 4 BGB wird sie explizit ausgeschlossen.
Prüfer:	Wie vermeiden Geschädigte den Abzug bei den Mietwagenkosten in der Praxis häufig?
Kandidat:	Indem sie ein einfacheres Modell anmieten, dessen Miete um 10 % geringer ist als die Miete für einen dem eigenen Fahrzeug gleichwertigen Pkw.
Prüfer:	Zurück zu unserem Fall. Sprechen Sie Nutzungsersatz für den Ausfall des Internets zu?
Kandidat:	Der Großteil der Bevölkerung nutzt heutzutage das Internet, die meisten davon wohl sogar täglich. Es ist unverzichtbar für die Lebensgestaltung, sowohl als Informationsquelle als auch zum Zwecke der Kommunikation. Auch Verträge werden häufig über das Internet geschlossen. Ein Internetausfall wirkt sich damit spürbar auf die Lebensgestaltung aus. Der Ausfall wurde hier auch nicht durch das Mobiltelefon kompensiert, da dieses ja nicht internetfähig war.
Prüfer:	Das haben Sie richtig festgestellt. Wie hoch würden Sie den Schadensersatz bemessen?
Kandidat:	Ich würde mich an den durchschnittlichen, marktüblichen Kosten für einen DSL-Anschluss orientieren, allerdings ohne Telefon- und Fax-Nutzung, weil wir diese ja nicht zusprechen. Der Richter darf insoweit den Schaden schätzen, § 287 ZPO.
Prüfer:	Angenommen, die marktüblichen Kosten betragen 45 € pro Monat. Wie viel sprechen Sie dem Kläger dann zu?
Kandidat:	45 € geteilt durch 30 Tage ergib 1,50 € täglich. Dies multipliziert mit der Anzahl der Tage des Ausfalls (40) ergibt 60 €. Wegen des Differenzbetrages von 1.940 € weise ich damit die Klage ab.
Prüfer:	Gut. Genau genommen müssten wir hier zwar noch die ersparten Vertragskosten berücksichtigen, aber darauf möchte ich an dieser

	Stelle nicht näher eingehen. Losgelöst von unserem FallWürden Sie eine Nutzungsausfallentschädigung für den Ausfall eines Navigationsgerätes zusprechen?
Kandidat:	Eine Route lässt sich vorab ebenso gut mittels Internet oder einer Straßenkarte planen. Deshalb würde ich sagen, dass ein Ausfall sich nicht signifikant auf die Lebensführung auswirkt. Ich würde deshalb keine Entschädigung zusprechen.
Prüfer:	Das lässt sich gut vertreten. Kommen wir an dieser Stelle noch einmal auf die Zulässigkeit der Klage und insbesondere die Zuständigkeit des Gerichts zurück. Hätten die Beteiligten in unserem Fall bei Vertragsschluss auch die Zuständigkeit eines anderen Gerichts vereinbaren können?
Kandidat:	Das richtet sich nach § 38 Abs. 1 ZPO. Die beklagte GmbH gilt als Handelsgesellschaft (§ 13 Abs. 3 GmbHG) und zählt damit zu den Kaufleuten, § 6 Abs. 1 HGB. Unser Kläger ist allerdings eine Privatperson und damit nicht prorogationsbefugt.
Prüfer:	Hätten die Beteiligten denn über die Vereinbarung eines Erfüllungsortes zu einem bestimmten Gericht gelangen können?
Kandidat:	Sie wollen auf den besonderen Gerichtsstand des § 29 Abs. 1 ZPO hinaus. Diesem Umgehungsversuch hat der Gesetzgeber aber mit § 29 Abs. 2 ZPO einen Riegel vorgeschoben.
Prüfer:	Was ist also der Zweck des § 29 Abs. 2 ZPO?
Kandidat:	Er verhindert eine Umgehung der Voraussetzungen des § 38 Abs. 1 ZPO durch eine „versteckte" Gerichtsstandsvereinbarung.
Prüfer:	Was ist denn überhaupt der Schutzzweck des § 38 ZPO?
Kandidat:	Durch das grundsätzliche Verbot von Gerichtsstandsvereinbarungen will der Gesetzgeber insbesondere Verbraucher und geschäftsunerfahrene Parteien vor den Auswirkungen solcher Vereinbarungen schützen. Zugleich wertet er damit die gesetzlichen Gerichtsstände auf.
Prüfer:	Wäre denn eine Gerichtsstandsvereinbarung möglich, wenn es sich bei unserem Kläger um einen Rechtsanwalt handelt?
Kandidat:	Vom Wortlaut her nicht, weil die Angehörigen freier Berufe ja gerade nicht zu den Kaufleuten zählen. In Betracht käme deshalb nur eine analoge Anwendung der Norm. Eine vergleichbare Interessenlage ließe sich damit begründen, dass Angehörige der freien Berufe ähnlich geschäftserfahren sind wie Kaufleute und deshalb die Tragweite einer Gerichtsstandsvereinbarung richtig einschätzen könnten. Allerdings spricht die explizite Aufzählung einzelner Parteien in § 38 Abs. 1 ZPO wohl gegen eine planwidrige Regelungslücke. Ich denke, es würde letztlich zu nicht hinnehmbaren Rechtsunsi-

	cherheiten führen, wenn § 38 Abs. 1 ZPO auf dort nicht genannte Personen entsprechend angewandt würde. § 38 Abs. 1 ZPO dürfte deshalb abschließend sein.
Prüfer:	Das haben Sie gut begründet. Können Private denn gar keine Gerichtsstandsvereinbarung treffen?
Kandidat:	Doch, zum Beispiel nach dem Entstehen der Streitigkeit, § 38 Abs. 3 Nr. 1 ZPO.
Prüfer:	Wie würden Sie den Begriff „nach dem Entstehen der Streitigkeit" auslegen?
Kandidat:	Eine Streitigkeit ist entstanden, wenn den Parteien bekannt ist, dass sie unterschiedliche Auffassungen über ein bestimmtes Rechtsverhältnis vertreten.
Prüfer:	Würden Sie sagen, dass eine gerichtliche Auseinandersetzung unmittelbar bevorstehen muss?
Kandidat:	Der Gesetzeswortlaut verlangt dies nicht. Bereits bei der ersten Meinungsverschiedenheit dürfte auch der Schutzzweck entfallen. Denn typischerweise sind sich die Parteien schon dann der Tragweite einer Gerichtsstandsvereinbarung bewusst, auch wenn ein gerichtliches Verfahren noch nicht unmittelbar droht.
Prüfer:	Gut. Ich bilde an dieser Stelle noch einmal einen kleinen FallNehmen Sie an, dass K gegen B, der in Potsdam wohnt, vor dem AG Münster auf Zahlung klagt. In seiner Klageschrift trägt K vor, dass K und B die Zuständigkeit des AG Münster vereinbart hätten. In der mündlichen Verhandlung ist B säumig. K beantragt den Erlass eines Versäumnisurteils gegen B. Wird das Gericht ein solches erlassen?
Kandidat:	Für ein Versäumnisurteil gegen den Beklagten ist erforderlich, dass der Kläger einen entsprechenden Antrag stellt, der Beklagte säumig ist, keine Versagungsgründe vorliegen und die Klage zulässig und schlüssig ist. Wenn K also alle für eine Gerichtsstandsvereinbarung gemäß § 38 Abs. 1 ZPO erforderlichen Tatsachen vorgetragen hat, dann darf ich diese als zugestanden fingieren. Das sagt § 331 Abs. 1 S. 1 ZPO.
Prüfer:	Vorsicht. Lesen Sie das Gesetz genauer.
Kandidat:	Ah, ich sehe das in Satz 2 gerade eine Ausnahme gemacht wird von der Geständnisfiktion, was den Vortrag des K zur Zuständigkeit des Gerichts angeht.
Prüfer:	Genau. Die Zuständigkeit des Gerichts unterliegt nämlich nur beschränkt der Parteiherrschaft. Was folgern Sie daraus für unseren Fall?
Kandidat:	Dass K die Vereinbarung und die Kaufmannseigenschaft nicht nur vortragen, sondern beweisen muss.

Prüfer:	Wie kann K denn Letzteres beweisen?
Kandidat:	Indem er zum Beispiel einen Handelsregisterauszug vorlegt oder Geschäftsbriefe des B, aus denen sich seine Firmierung ergibt.
Prüfer:	Was macht das Gericht, wenn K den Beweis auch nach einem gerichtlichen Hinweis nicht erbringt?
Kandidat:	Dann liegt ein Erlasshindernis vor, §§ 335 Abs. 1 Nr. 1, 336 ZPO. Das Gericht wird den Antrag auf Erlass eines Versäumnisurteils durch Beschluss zurückweisen.
Prüfer:	Sehr schön. Eine solche Antragszurückweisung durch Beschluss erfolgt also immer bei behebbaren Mängeln. Was gilt demgegenüber bei unbehebbaren Mängeln?
Kandidat:	Dann wird die Klage abgewiesen, § 331 Abs. 2 ZPO. Das ist ein sogenanntes „unechtes Versäumnisurteil"; es ergeht, obwohl der Kläger anwesend und der Beklagte säumig ist. Es handelt sich um ein Endurteil, welches mit der Berufung angefochten werden kann, § 511 ZPO.

Vertiefungshinweise

Der Fall basiert auf dem Urteil des BGH vom 24.1.2013, Az. III ZR 98/12, abgedruckt in NJW 2013, 1072.

Zur Bemessung der Höhe des Schadensersatzes bei Ausfall des Internetzugangs:	AG Düsseldorf NJW 2014, 1679 sowie *Exner* JuS 2015, 680
Zur Nutzungsausfallentschädigung bei Ausfall eines Navigationsgerätes:	AG Wiesbaden NJW 2014, 1543
Zu Leistungsstörungen im Dienstvertrag:	*Alexander* JA 2015, 321
Zur Vorbereitung der mündlichen Verhandlung:	*Huber* JuS 2009, 683
Zur Güteverhandlung:	*Huber* JuS 2015, 210
Allgemein zum Streitwert:	*Stein* JuS 2016, 122

Fall 9
Angebot ohne Nachfrage

Materielles Recht:	Quasi-negatorischer Beseitigungs- und Unterlassungsanspruch, eingerichteter und ausgeübter Gewerbebetrieb
Prozessrecht:	Einstweiliger Rechtsschutz, Schadensersatzansprüche in der Zwangsvollstreckung

Prüfer:

Sie sind Anwältin/Anwalt. Bei Ihnen erscheint der Geschäftsführer der Jupiter GmbH und schildert Folgendes:

„Wir haben gestern Post vom Amtsgericht Potsdam bekommen. Das Gericht hat eine einstweilige Verfügung erlassen, mit der uns aufgegeben wird, es zu unterlassen, an Rechtsanwalt Bartels aus Potsdam ohne dessen Einverständnis Werbe-E-Mails zu senden. Außerdem wurde uns ein Ordnungsgeld angedroht. Hintergrund ist, dass wir Herrn Rechtsanwalt Bartels an seine geschäftliche E-Mail-Adresse vor kurzem unaufgefordert unseren Newsletter mit Werbeangeboten zugesandt haben. Er hatte nämlich vor einiger Zeit bei einem mit uns kooperierenden Möbelhändler, der Pluto GmbH, Büromöbel gekauft und wir dachten, er hätte vielleicht auch Interesse an unseren Möbeln. Wir müssen schließlich unsere Produkte an den Mann bringen! Was liegt da näher, als möbelinteressierte Kunden zu kontaktieren.

Herr Bartels hatte allerdings offensichtlich kein Interesse und hat uns sofort aufgefordert, eine strafbewehrte Unterlassungserklärung abzugeben. Das haben wir abgelehnt, weil wir ja wohl annehmen durften, dass Herr Bartels ein Interesse an günstigen Angeboten hat. Außerdem haben wir ihn ja auch sogleich aus dem E-Mail-Verteiler gelöscht. Ich verstehe die ganze Aufregung auch deshalb nicht, weil der Newsletter einen Link zur Abbestellung enthielt. Es ist ja wohl auch nicht zu viel verlangt, eine unerwünschte E-Mail einfach ungelesen zu löschen!

Es ist mir ein Rätsel, warum Herr Bartels jetzt trotzdem eine einstweilige Verfügung beantragt hat und diese auch noch vom Gericht erlassen wurde, zudem vom Amtsgericht Potsdam, obwohl wir unseren Sitz doch in Münster haben. Bitte unternehmen Sie etwas!"

Welcher Rechtsbehelf kommt denn vorliegend in Betracht?

Kandidat:

Gegen den Beschluss, durch den eine einstweilige Verfügung angeordnet wurde, findet Widerspruch gemäß §§ 924 Abs. 1, 936 ZPO statt.

Prüfer:	Warum handelt es sich dabei nur um einen Rechtsbehelf und nicht um ein Rechtsmittel?
Kandidat:	Rechtsmittel haben einen Devolutiv- und einen Suspensiveffekt, das heißt, es entscheidet die nächsthöhere Instanz und der Eintritt der formellen Rechtskraft wird gehemmt. Das trifft nur zu auf Berufung, Revision und Beschwerde. Über den Widerspruch entscheidet hingegen grundsätzlich das Gericht, welches die einstweilige Verfügung erlassen hat. Der Beschluss erwächst auch nicht in formelle Rechtskraft, weil der Widerspruch unbefristet zulässig ist.
Prüfer:	Welche Arten der Rechtskraft kennen Sie?
Kandidat:	Die formelle und die materielle Rechtskraft. Erstere tritt ein, sobald eine Entscheidung unanfechtbar geworden ist. Letztere meint die Bindung der Parteien an den Urteilsausspruch.
Prüfer:	Richtig. Würden Sie Ihrem Mandanten zu einem Widerspruch raten?
Kandidat:	Dafür kommt es darauf an, ob Herr Bartels Antrag auf Erlass der einstweiligen Verfügung zum jetzigen Zeitpunkt zulässig und begründet ist.
Prüfer:	Prüfen Sie bitte die Zulässigkeit.
Kandidat:	Der Antrag auf Erlass der einstweiligen Verfügung ist statthaft, da es um die Sicherung eines Anspruchs auf Unterlassung, mithin eines Individualanspruchs geht, § 935 ZPO. Der Arrest ist nicht einschlägig, da keine Geldforderung vorliegt.
Prüfer:	Einverstanden. Man könnte auch darüber nachdenken, ob hier wegen einer „Quasi-Befriedigung" eine Leistungsverfügung analog § 940 ZPO vorliegt, darauf möchte ich aber nicht näher eingehen. Ich möchte vielmehr von Ihnen wissen, ob denn das AG Potsdam zuständig war, wenn wir einen Streitwert in der Hauptsache von 1.500 € unterstellen.
Kandidat:	Zuständig für den Erlass einstweiliger Verfügungen ist das Gericht der Hauptsache, § 937 Abs. 1 ZPO. Bei einem Streitwert von 1.500 € sind sachlich die Amtsgerichte zuständig, §§ 23 Nr. 1, 71 Abs. 1 GVG, § 1 ZPO. Die örtliche Zuständigkeit folgt aus § 32 ZPO, da es um einen Unterlassungsanspruch wegen eines deliktischen Eingriffs geht. Zum Tatort gehören sowohl der Handlungs-, als auch der Erfolgsort. Letzterer liegt in Potsdam, da der Antragsteller dort seine E-Mails abgerufen haben dürfte.
Prüfer:	Aber ist hier nicht gerade zwischen den Parteien umstritten, ob eine unerlaubte Handlung vorliegt? Müssten Sie das nicht schon im Rahmen des § 32 ZPO prüfen?

Kandidat:	Nein. Bei der unerlaubten Handlung handelt es sich um eine soge- nannte doppeltrelevante Tatsache, da sie sowohl für die Zulässigkeit als auch für die Begründetheit der Klage von Bedeutung ist. Für die Zulässigkeit genügt es, wenn der Antragsteller schlüssig Tatsachen behauptet, aus denen sich eine im Gerichtsbezirk begangene uner- laubte Handlung ergibt. Sähe man dies anders, könnte im besonde- ren Gerichtsstand keine Sachentscheidung gegen den Antragsteller ergehen.
Prüfer:	Richtig, lassen Sie sich nicht von mir „aufs Glatteis" führen. Woher entnehmen Sie, dass auch Unterlassungsansprüche dem § 32 ZPO unterfallen?
Kandidat:	Der Wortlaut setzt nicht voraus, dass eine Rechtsgutsverletzung ein- getreten ist. Es muss daher genügen, dass eine solche droht.
Prüfer:	Einverstanden. Könnten Sie dem Antragsteller denn eventuell das Rechtsschutzbedürfnis absprechen? Schließlich enthielt die E-Mail doch einen Link zur Abbestellung des Newsletters …
Kandidat:	Das Rechtsschutzbedürfnis entfällt nur, wenn es einen einfacheren, schnelleren und kostengünstigeren Weg zur Erreichung des Rechts- schutzziels gibt. Ich denke, dass der Link insoweit keinen vergleich- bar effektiven und zumutbaren Weg darstellt. Denn erst einmal muss der Empfänger der E-Mail nach einem solchen Link suchen, was Zeit kostet und lästig ist. Außerdem kann der Antragsteller nicht kontrollieren, ob er tatsächlich aus der Liste entfernt wurde. Zudem ist es theoretisch möglich, dass er trotz Entfernung von der Liste weiterhin die Werbung erhält.
Prüfer:	Das wird man so sehen können. Wie sieht es mit der Begründetheit des Antrags aus?
Kandidat:	Der Antrag ist begründet, wenn ein Verfügungsanspruch und ein Verfügungsgrund bestehen und die zugrundeliegenden Tatsachen, soweit erforderlich, glaubhaft gemacht sind. Ein Verfügungsan- spruch kann sich aus § 1004 Abs. 1 S. 2 BGB ergeben.
Prüfer:	Haben wir es denn mit einer Eigentumsbeeinträchtigung zu tun?
Kandidat:	Nein, es kommt nur eine analoge Anwendung des § 1004 Abs. 1 S. 2 BGB in Betracht, sog. quasinegatorischer Unterlassungsan- spruch. Betroffen sein könnte der eingerichtete und ausgeübte Ge- werbebetrieb als „sonstiges Recht" im Sinne des § 823 Abs. 1 BGB.

Eine planwidrige Regelungslücke liegt vor: Der Schutz durch die §§ 823 ff. BGB ist unvollständig ist, da er erst bei bereits eingetre- tenen Schäden eingreift und nicht präventiv wirkt. Alle deliktisch ge- schützten Rechtspositionen sind auch wegen ihres absoluten Schut- zes mit dem Eigentum vergleichbar. |

Prüfer:	Ist der Schutzbereich des eingerichteten und ausgeübten Gewerbebetriebs hier eröffnet?
Kandidat:	Da dieses „sonstige Recht" ein Auffangrecht darstellt, dürften keine vorrangigen speziellen Ansprüche bestehen. Vielleicht gibt es da ja etwas im UWG …
Prüfer:	Ich verrate Ihnen an dieser Stelle, dass ein Anspruch aus dem UWG mangels eines Mitbewerberverhältnisses ausscheidet.
Kandidat:	Gut, dann komme ich zur Definition des Gewerbebetriebs. Hierfür ist eine auf Dauer angelegte, selbstständige und auf Gewinnerzielung gerichtete Tätigkeit erforderlich. Dies würde ich bei einer Rechtsanwaltskanzlei bejahen.
Prüfer:	Aber es handelt sich doch hierbei um einen freien Beruf …
Kandidat:	Ja, deswegen handelt es sich nicht um ein Gewerbe im Sinne des HGB. Der Gewerbebegriff des HGB ist jedoch mit dem aus § 823 Abs. 1 BGB nicht identisch. Letzterer erfasst auch Angehörige der freien Berufe. Es geht im Deliktsrecht um den Schutz der wirtschaftlichen Betätigung. Insoweit sind Angehörige freier Berufe ebenso schutzbedürftig wie Gewerbetreibende im Sinne des HGB.
Prüfer:	So ist es. Wurde denn in den Betrieb eingegriffen?
Kandidat:	Ja, weil Rechtsanwalt Bartels die E-Mail sichten und aussortieren musste.
Prüfer:	Reicht jede Art von Eingriff aus?
Kandidat:	Nein, erfasst sind nur betriebsbezogene Eingriffe, die sich spezifisch gegen den betrieblichen Organismus oder die unternehmerische Entscheidungsfreiheit wenden. Es reicht also nicht aus, wenn nur zufällig ein Gewerbebetrieb betroffen ist.
Prüfer:	Warum hat die Rechtsprechung dieses zusätzliche Kriterium eingeführt?
Kandidat:	Der besondere Schutz Gewerbetreibender ist nur gerechtfertigt, wenn sie auch als solche beeinträchtigt werden. Daran fehlt es, wenn ebenso gut ein Privater hätte betroffen sein können, der einen Vermögensschaden entschädigungslos hätte hinnehmen müssen.
Prüfer:	Und, bejahen Sie die Betriebsbezogenheit hier?
Kandidat:	Ja, weil der Betriebsablauf der Kanzlei ja durch die unverlangt zugesandte E-Mail-Werbung beeinträchtigt wurde. Das Sichten und Aussortieren der E-Mail kostet Zeit und verursacht zusätzliche Kosten für Personal und eventuell auch Internet.
Prüfer:	Aber sind Kosten und Aufwand für eine einzelne E-Mail nicht überschaubar? Meistens ist ja auch schon aus dem Betreff erkennbar, dass es sich um Werbung handelt.

Kandidat:	Das mag sein, aber unsere Mandantin muss sich da etwaige Summierungseffekte zurechnen lassen, weil der Rechtsschutz ansonsten unzumutbar verkürzt würde. Wenn die unverlangte Zusendung einer einzelnen E-Mail zulässig wäre, wäre mit einem immer weiteren Umsichgreifen dieser Werbeart zu rechnen, da sie preiswert und schnell ist. Dies würde dann einen unzumutbaren Arbeits- und Kostenaufwand für den Empfänger verursachen.
Prüfer:	Das kann man gut vertreten. Wenn wir die Betriebsbezogenheit verneinen würden, könnten wir in jedem Fall noch auf das allgemeine Persönlichkeitsrecht zurückgreifen. Sind damit alle Voraussetzungen des Eingriffs erfüllt?
Kandidat:	Nein, er muss auch rechtswidrig gewesen sein.
Prüfer:	Aber wird die Rechtswidrigkeit denn nicht durch den Eingriff in den Schutzbereich indiziert?
Kandidat:	Dies ist grundsätzlich der Fall, allerdings nicht bei sogenannten Rahmenrechten. Dies sind Rechtspositionen, die von der Rechtsordnung zwar geschützt werden, bei denen aber nicht jeder Eingriff missbilligt wird.
Prüfer:	Kennen Sie so etwas aus anderen Rechtsgebieten?
Kandidat:	Ja, im Strafrecht gibt es offene Tatbestände, zum Beispiel § 240 StGB. Hier ist ebenfalls die Rechtswidrigkeit nicht durch die Erfüllung des Tatbestandes indiziert, sondern muss positiv festgestellt werden, weil viele alltägliche Verhaltensweisen tatbestandsmäßig im Sinne des § 240 StGB sind.
Prüfer:	Und wie prüfen Sie die Rechtswidrigkeit?
Kandidat:	Mittels einer umfassenden Güter- und Interessenabwägung. Zugunsten der Mandantin könnte Art. 12 GG angeführt werden. Die Berufsfreiheit umfasst auch das Recht, für die eigenen Produkte zu werben. Allerdings ist es wohl nicht zu viel verlangt, vor der Zusendung von elektronischer Werbung eine Einwilligung des Empfängers einzuholen.
Prüfer:	Hat der Gesetzgeber vielleicht eine Wertung getroffen, was das unverlangte Zusenden von Werbung angeht? Ein kleiner Tipp: Wir waren vorhin ja schon einmal kurz im Wettbewerbsrecht …
Kandidat:	§ 7 Abs. 2 Nr. 3 UWG wertet dies als unzumutbare Belästigung. Diese gesetzgeberische Wertung ist bei der Auslegung der Generalklauseln des BGB zu berücksichtigen.
Prüfer:	Kommt hier vielleicht der Ausnahmetatbestand des § 7 Abs. 3 UWG in Betracht?
Kandidat:	Dazu müssten alle dort genannten vier genannten Voraussetzungen kumulativ („und") erfüllt sein. Unsere Mandantin müsste die E-

Mail-Adresse zunächst im Zusammenhang mit dem Verkauf einer Ware erlangt haben. Da sehe ich hier bereits ein Problem, weil unsere Mandantin die Adresse nicht selbst vom Kunden erlangt hat, sondern das kooperierende Möbelhaus. Der Wortlaut ist zwar nicht ganz eindeutig, weil er nur von „ein Unternehmer" spricht. Aus dem Zusammenhang mit Nr. 2 ergibt sich aber, dass es der die Adresse verwendende Unternehmer sein muss. Nur eine bestehende Geschäftsbeziehung soll privilegiert sein, weil nur dann ein mutmaßliches Einverständnis des Kunden mit der Zusendung von Werbung angenommen werden kann.

Prüfer:	Das ist eine gut vertretbare Auslegung. Wenn wir also hier einen rechtswidrigen Eingriff annehmenWelches sind die weiteren Voraussetzungen für einen Unterlassungsanspruch?
Kandidat:	Unsere Mandantin müsste Störerin sein. Da das Verhalten ihrer Mitarbeiter ihr gemäß § 31 BGB analog zuzurechnen ist, ist sie Handlungsstörerin. Ferner ist eine Wiederholungsgefahr erforderlich. Diese wird aufgrund der vorangegangenen Beeinträchtigung vermutet. Die Vermutung wird regelmäßig nur ausgeräumt durch eine strafbewehrte Unterlassungserklärung. Eine solche hat die Mandantin nicht abgegeben.
Prüfer:	Richtig. Wie sieht es mit dem Verfügungsgrund aus?
Kandidat:	Dafür ist eine Dringlichkeit erforderlich, sodass dem Antragsteller das Abwarten des Hauptsacheverfahrens nicht zugemutet werden kann. Hier würde ich dieselben Argumente heranziehen wie schon bei der Wiederholungsgefahr. Ein weiterer Eingriff durch eine erneute E-Mail muss jederzeit befürchtet werden.
Prüfer:	Wie Sie vorhin schon festgestellt haben, müssen grundsätzlich die Tatsachen, die dem Verfügungsanspruch und -grund zugrunde liegen, glaubhaft gemacht werden, §§ 920 Abs. 2, 936 ZPO. Hier dürften alle Tatsachen unstreitig sein. Wissen Sie, für welche Fälle das Gesetz die Glaubhaftmachung eines Verfügungsgrundes grundsätzlich als entbehrlich ansieht?
Kandidat:	Bei der Vormerkung, § 885 Abs. 1 S. 2 BGB, und dem Widerspruch, § 899 Abs. 2 S. 2 BGB. Ein Verfügungsgrund wird hier vermutet, weil typischerweise durch die Möglichkeit einer anderweitigen Verfügung bzw. eines gutgläubigen Erwerbs eine Gefährdung besteht.
Prüfer:	Sehr schön. Was raten Sie also der Mandantin?
Kandidat:	Sie könnte nachträglich noch die geforderte strafbewehrte Unterlassungserklärung abgeben und dann Widerspruch einlegen. Dann wird der Antragsteller das Verfahren für erledigt erklären, da die Wiederholungsgefahr entfallen wäre, und unserer Mandantin die Kosten auferlegen. Wenn die Mandantin sich der Erledigungserklä-

rung anschließt, wird das Gericht ihr ebenfalls die Kosten auferlegen, da sie durch ihre Weigerung, eine Unterlassungserklärung abzugeben, das gerichtliche Verfahren veranlasst hat. Um die Kostentragung kommt sie also nicht herum. Um keine unnötigen weiteren Kosten zu verursachen, könnte sie deshalb einfach von einem Widerspruch absehen.

Prüfer: Muss die Mandantin denn damit rechnen, dass der Antragsteller auch noch das Hauptsacheverfahren durchführen wird?

Kandidat: Grundsätzlich ja, insbesondere weil die Entscheidung des Gerichts im einstweiligen Rechtsschutz keine Bindungswirkung für das Hauptsacheverfahren entfaltet.

Prüfer: Woraus entnehmen Sie das?

Kandidat: Streitgegenstand im einstweiligen Rechtsschutz ist nur das Recht auf Sicherung und nicht der Anspruch selbst. Letzterer wird erst im Hauptsacheprozess rechtshängig. Nur die Sicherung und nicht der zu sichernde Anspruch erwächst in Rechtskraft.

Prüfer: Muss denn dann ein Antragsteller befürchten, dass sein Hauptanspruch verjährt, wenn er die Gerichte nur um einstweiligen Rechtsschutz ersucht?

Kandidat: Nein, der Antrag auf Erlass einer einstweiligen Verfügung hemmt die Verjährung des Anspruchs ebenso wie die Klage im Hauptsacheverfahren, § 204 Abs. 1 Nr. 9 BGB.

Prüfer: Richtig. Kann die Mandantin verhindern, dass es noch zu einem Hauptsacheverfahren kommt?

Kandidat: Ja, durch das sogenannte Abschlussverfahren. Sie muss gegenüber dem Antragsteller auf den Widerspruch und die Rechte aus §§ 926, 927 ZPO verzichten und dadurch die Eilanordnung als endgültige Regelung anerkennen.

Prüfer: Was raten Sie denn unserer Mandantin für die Zukunft, wenn Sie Werbe-Newsletter verschicken möchte?

Kandidat: Sie sollte vorher die ausdrückliche Einwilligung der betroffenen Personen einholen.

Prüfer: Können Sie sich vorstellen, was die Gerichte hier heutzutage verlangen, um sicherzustellen, dass nicht ein Unbefugter eine fremde E-Mail-Adresse für einen Newsletter anmeldet?

Kandidat: Ein sogenanntes Double-Opt-In, bei welchem der Inhaber der E-Mail-Adresse nach der Anmeldung eine Nachricht erhält mit der Aufforderung, die Anmeldung durch das Klicken auf einen in der E-Mail enthaltenen Link zu bestätigen.

Prüfer:	So ist es. Ich wandele den Sachverhalt an dieser Stelle etwas ab: Unterstellen Sie, dass die Mandantin nachweisen kann, von Herrn Bartels vor Zusendung der E-Mail eine solche Einwilligung erhalten zu haben. Was raten Sie der Mandantin nun?
Kandidat:	In diesem Fall würde ich zu einem Widerspruch raten, da es an einem rechtswidrigen Eingriff und damit an einem Anordnungsanspruch fehlt.
Prüfer:	Welche Anträge stellen Sie?
Kandidat:	Ich beantrage, die angeordnete einstweilige Verfügung aufzuheben und den Antrag des Antragstellers auf Erlass derselben zurückzuweisen.
Prüfer:	Schön, dass Sie auch an den Zurückweisungsantrag gedacht haben, dieser wird häufig vergessen. An welchen Antrag sollte ein Rechtsanwalt daneben immer denken, wenn er sich gegen einen bereits existierenden Titel wendet?
Kandidat:	An den Antrag auf einstweilige Einstellung der Zwangsvollstreckung, hier aus §§ 924 Abs. 3, 707 ZPO.
Prüfer:	Welche Art von Zwangsvollstreckung würde unserer Mandantin nämlich drohen?
Kandidat:	Die Verurteilung zu Ordnungsgeld oder Ordnungshaft, § 890 ZPO.
Prüfer:	Angenommen, unserer Mandantin wäre durch die Vollziehung dieser – von Anfang an ungerechtfertigten – einstweiligen Verfügung ein Schaden erstanden. Kann sie diesen vom Antragsteller ersetzt verlangen?
Kandidat:	Ja, hierfür gibt es den verschuldensunabhängigen Schadensersatzanspruch aus § 945 ZPO.
Prüfer:	Warum sieht der Gesetzgeber hier eine so strenge Haftung vor?
Kandidat:	Dahinter steht der allgemeine Rechtsgedanke, dass der Gläubiger aus einem noch nicht endgültigen Titel auf eigenes Risiko vollstreckt.
Prüfer:	Richtig. Kennen Sie vergleichbare Vorschriften aus der ZPO?
Kandidat:	§ 717 Abs. 2 ZPO bei der Vollstreckung aus Urteilen und § 799a ZPO bei der Vollstreckung aus Urkunden.

Vertiefungshinweise

Der Fall ist angelehnt an ein Urteil des BGH vom 20.5.2009, Az. I ZR 218/07, abgedruckt in NJW 2009, 2958.

Zum Double-Opt-In:	AG Hamburg, Beschluss vom 5.5.2014, Az. 5 C 78/12
Grundlegendes zu Arrest und einstweiliger Verfügung:	*Heuer/Schubert* JA 2005, 202; *Huber* JuS 2018, 226 und 421
Grundfälle zum deliktischen Schutz des Allgemeinen Persönlichkeitsrechts:	*Staake/von Bressensdorf* JuS 2015, 683 und 777
Grundfälle zum deliktischen Unternehmensschutz:	*Staake/von Bressensdorf* JuS 2016, 297
Zum Anspruch auf Unterlassung der Zusendung unerwünschter E-Mails mit werbenden Zusätzen:	BGH, Urteil vom 15.12.2015, Az. VI ZR 134/15 (GRUR 2016, 530)
Zu Kundenzufriedenheitsbefragungen im Rahmen einer Rechnung:	BGH, Urteil vom 10.7.2018, Az. VI ZR 225/17 (NJW 2018, 3506 mit Anmerkung *Lampmann*)
Die materielle Rechtskraft im Zivilprozess:	*Eicker* JA 2019, 52 und 132

Fall 10
Werkvertragliche Leistungskette

Materielles Recht:	Werkvertrag, Freistellungsanspruch
Prozessrecht:	Streitverkündung, Drittwiderklage

Prüfer:

Sie sind einem Richter am Landgericht zur Ausbildung zugewiesen, der Ihnen folgenden Fall vorträgt:

„Der Kläger ist ein Subunternehmer, der vom Hauptunternehmer die Zahlung von Werklohn begehrt. Der Hauptunternehmer war von einer Familie mit der Errichtung eines Einfamilienhauses beauftragt worden. Er hat seinerseits den Subunternehmer mit dem Einbau der Fenster beauftragt. Im Jahr 2009 bezog die Familie das Haus und leistete an den Hauptunternehmer die volle vereinbarte Vergütung.

Der Subunternehmer nimmt nun den Hauptunternehmer auf Zahlung seines ausstehenden Werklohns i.H.v. 20.000 € in Anspruch. Dies verweigert der Hauptunternehmer unter Hinweis auf Dichtungsmängel an den Fenstern, deren Beseitigung 15.000 € koste. Der Subunternehmer bestreitet die Mängel und deren Beseitigungskosten nicht, meint aber, der Hauptunternehmer könne sich hierauf nicht berufen, da er – was zutrifft – seinerseits nicht mehr vom Besteller in Anspruch genommen werden kann, weil dessen Ansprüche gegen den Hauptunternehmer inzwischen verjährt sind."

Besteht der Werklohnanspruch?

Kandidat:

Ein solcher könnte sich aus § 631 Abs. 1 2. Hs. BGB ergeben. Zwischen Haupt- und Subunternehmer besteht ein Werkvertrag. Der Werklohnanspruch ist fällig bei der Abnahme des Werkes, § 641 Abs. 1 S. 1 BGB. Dies meint die körperliche Entgegennahme durch den Besteller als im Wesentlichen vertragsgemäße Leistung. Eine körperliche Entgegennahme scheidet bei Leistungen wie der vorliegenden naturgemäß aus, sodass die Anerkennung als vertragsgemäße Leistung genügen muss. Der Hauptunternehmer müsste die eingebauten Fenster also gegenüber dem Subunternehmer gebilligt haben.

Prüfer:

Ist das wirklich erforderlich? Denken Sie daranWir haben es mit einem Drei-Personen-Verhältnis zu tun. Schauen Sie noch einmal ins Gesetz.

Kandidat: Nach § 641 Abs. 2 S. 1 Nr. 1 BGB genügt es, dass der Besteller von dem Dritten seine Vergütung erhalten hat.

Prüfer: Wer ist im vorliegenden Fall „Besteller" im Sinne des § 641 Abs. 2 BGB? Subsumieren Sie bitte einmal vollständig.

Kandidat: Der beklagte Hauptunternehmer ist Besteller im Verhältnis zum klägerischen Subunternehmer. Er hat die Herstellung des Werks – das Einbauen der Fenster – einem Dritten, nämlich der Familie versprochen. Der Hauptunternehmer hat seinerseits von der Familie die Vergütung erhalten.

Prüfer: Schön. Sie haben vorhin ganz richtig definiert, was unter „Abnahme" zu verstehen ist. Welche Rechtsnatur hat denn die Abnahme?

Kandidat: Ich würde sie als geschäftsähnliche Handlung einordnen, da an die Erklärung vom Gesetz bestimmte Folgen geknüpft werden, unabhängig vom Willen des Erklärenden.

Prüfer: Das können Sie gut so vertreten. Man kann die Abnahme auch als Willenserklärung einordnen. Praktische Folgen dürften damit aber nicht verbunden sein, da die Regeln über Willenserklärungen bekanntermaßen auch auf geschäftsähnliche Handlungen entsprechende Anwendung finden. Was meinen Sie denn mit den „Folgen", die das Gesetz an die Abnahme knüpft?

Kandidat: Der Anspruch auf die Vergütung wird fällig (§ 641 BGB), die Gefahr geht auf den Besteller über (§ 644 BGB), die Beweislast kehrt sich um, die Verjährung der Mängelansprüche beginnt (§ 634a Abs. 2 BGB).

Prüfer: Sehr schön. Wie sieht es nun mit einem Leistungsverweigerungsrecht des Beklagten aufgrund der Mängel aus?

Kandidat: Ein solches könnte sich hier aus § 320 BGB ergeben. Der Anspruch auf Werklohnzahlung und der Nacherfüllungsanspruch stehen im Gegenseitigkeitsverhältnis.

Prüfer: Das ist vom Grundgedanken her richtig. Schauen Sie aber noch einmal ins Gesetz, ob es nicht vielleicht im Werkvertragsrecht eine spezialgesetzliche Ausprägung dieses Leistungsverweigerungsrechts gibt.

Kandidat: § 641 Abs. 3 BGB. Wegen der Dichtungsmängel steht dem Besteller, also dem Beklagten, ein Anspruch auf Mängelbeseitigung aus §§ 634 Nr. 1, 635 Abs. 1 BGB zu. Er darf also einen angemessenen Teil der Vergütung zurückhalten. Das Doppelte der Mängelbeseitigungskosten beträgt 30.000 €, sodass er die 20.000 € zurückhalten durfte.

Prüfer: Soweit sind Ihre Feststellungen richtig. Haben Sie trotzdem Bedenken gegen dieses Ergebnis?

Kandidat:	Naja, der Beklagte steht damit gut da, weil er selbst von seinem Auftraggeber den vollen Lohn bekommen hat. Die Frage ist, ob es dem Willen des Gesetzgebers entspricht, dass der Hauptunternehmer profitiert, wenn sein Auftraggeber seine Ansprüche hat verjähren lassen. Oder ob er nicht den enthaltenen Werklohn quasi zum Subunternehmer „weiterreichen" muss.
Prüfer:	Richtig. An welcher Norm würden Sie Ihre Bedenken festmachen?
Kandidat:	Man könnte erwägen, ob der Beklagte treuwidrig im Sinne des § 242 BGB handelt, wenn er die Zahlung des Werklohns verweigert, obwohl er seinerseits den vollen Lohn bekommen hat und nicht mehr in Anspruch genommen werden kann.
Prüfer:	Und, was meinen Sie?
Kandidat:	Nach dem Wortlaut des § 641 Abs. 3 BGB kommt es nur auf das Bestehen eines Mängelbeseitigungsanspruchs an. Dies gilt auch in Drei-Personen-Verhältnissen, da das Gesetz an dieser Stelle – anders als im Absatz 2 – ja gerade nicht differenziert. Dann könnte man vielleicht noch mit dem Sinn und Zweck des Leistungsverweigerungsrechts argumentieren.
Prüfer:	Richtig. Was meinen Sie, worin dieser liegt? Wir hatten ja vorhin schon die Parallele zu § 320 BGB gezogen …
Kandidat:	Mit dem Leistungsverweigerungsrecht wollte der Gesetzgeber dem Besteller ein Druckmittel gegenüber dem Unternehmer an die Hand geben, damit dieser die bestehenden Mängel beseitigt. Der Unternehmer kann das Leistungsverweigerungsrecht zu Fall bringen, indem er die Mängel behebt. Wenn man dem Beklagten nun dieses Leistungsverweigerungsrecht versagen würde, könnte er keinerlei Druck mehr auf den Kläger ausüben. Der Kläger würde sich damit seiner Mängelbeseitigungspflicht entziehen und den vollen Werklohn für ein mangelhaftes Werk kassieren.
Prüfer:	Sehr schön. Profitiert also tatsächlich der Hauptunternehmer, wenn wir ihm das Leistungsverweigerungsrecht zugestehen?
Kandidat:	Nein, weil er ja bei Beseitigung der Mängel den Werklohn an den Subunternehmer zahlen muss. Letztlich profitiert der Auftraggeber des Hauptunternehmers, weil ihm die Mängelbeseitigung zugutekommt. Dieser hat Glück gehabt, weil er dank der Drei-Personen-Beziehung trotz der Verjährung seiner Ansprüche gegen den Hauptunternehmer doch noch in den Genuss der Mängelbeseitigung kommt.
Prüfer:	So ist es. Damit dürfte die Klage derzeit unbegründet sein. Ich wandele den Fall nun ein wenig ab. Der Subunternehmer hat seinen vollen Werklohn bekommen. Allerdings begehrt der Hauptunternehmer – nach erfolgloser Fristsetzung – wegen der Mängel Schadens-

ersatz vom Subunternehmer in Höhe der Mängelbeseitigungskosten. Auch hier verteidigt sich der Subunternehmer damit, dass der Hauptunternehmer seinerseits vom Besteller nicht mehr in Anspruch genommen werden kann.

Woraus ergibt sich der Schadensersatzanspruch?

Kandidat:	Aus §§ 634 Nr. 4, 280 Abs. 1, Abs. 3, 281 BGB. Problematisch ist allerdings die Frage eines Schadens, weil der Hauptunternehmer ja nicht mehr auf Mängelbeseitigung in Anspruch genommen werden kann und deshalb keine finanzielle Einbuße erlitten hat ...
Prüfer:	Man könnte doch einen Schaden unter normativen Gesichtspunkten bejahen, wenn man sagt, dass das Rechtsverhältnis zwischen dem Hauptunternehmer und seinem Besteller den Subunternehmer nichts angeht. Wir haben vorhin ja auch ein Leistungsverweigerungsrecht des Hauptunternehmers bejaht, obwohl sein Besteller gegen ihn keine Ansprüche mehr hat.
Kandidat:	Ja, da haben Sie wohl recht ...
Prüfer:	Lassen Sie sich von mir nicht beirren. Sie waren ja auf einem guten Weg. Worin liegt denn der Unterschied zum Ausgangsfall?
Kandidat:	Dort ging es um ein Druckmittel, welches den Subunternehmer zur Mängelbeseitigung anhalten sollte. Hier geht es um die Zahlung eines Geldbetrages.
Prüfer:	Richtig. Und wer profitiert jeweils im Ergebnis?
Kandidat:	Im Ausgangsfall die Familie, weil die Beseitigung der Mängel letztlich ihr zugutekommt. In der Abwandlung der Hauptunternehmer, weil er einen Geldbetrag zu seiner beliebigen freien Verfügung erhalten würde. Er würde letztlich einen ungerechtfertigten Vorteil erlangen.
Prüfer:	Genau. Aus diesem Grunde verneint die Rechtsprechung auch einen Schaden des Hauptunternehmers und lehnt neuerdings sogar einen Anspruch auf Ersatz fiktiver Mängelbeseitigungskosten gänzlich ab. Ich möchte noch einmal einen anderen Fall aus der Dreier-Konstellation herausgreifen. Stellen Sie sich vor, die Familie nimmt den Hauptunternehmer rechtzeitig vor Ablauf der Verjährung wegen der Mängel an den Fenstern auf Schadensersatz in Anspruch. Was denken Sie, wird der Hauptunternehmer einwenden?
Kandidat:	Er wird auf dem Standpunkt stehen, dass – wenn die Fenster tatsächlich mangelhaft sind – nicht er, sondern der Subunternehmer diesen Mangel zu verantworten hat.
Prüfer:	Und was wird sein Anwalt dann unternehmen?
Kandidat:	Er wird dem Subunternehmer den Streit verkünden, § 72 Abs. 1 ZPO.

Prüfer:	Was hat dies für einen Vorteil?
Kandidat:	Gemäß §§ 74, 68 ZPO kann damit für den Folgeprozess, in dem der Hauptunternehmer beim Subunternehmer Regress nimmt, eine Interventionswirkung herbeigeführt werden. Das Gericht ist dann an alle tatsächlichen und rechtlichen Grundlagen der Entscheidung im Vorprozess gebunden. Der Hauptunternehmer kann dadurch vermeiden, dass die Gerichte zwei sich widersprechende Entscheidungen fällen.
Prüfer:	Hat die Streitverkündung auch einen materiell-rechtlichen Vorteil für den Hauptunternehmer?
Kandidat:	Ja, die Verjährung seines Regressanspruchs gegen den Subunternehmer wird gehemmt, § 204 Abs. 1 Nr. 6 BGB.
Prüfer:	Wie erfolgt die Streitverkündung in der Praxis?
Kandidat:	Das ist in § 73 ZPO geregelt. Der beklagte Hauptunternehmer reicht die bisherigen Schriftsätze nochmals ein, gibt den Streitverkündungsgrund an und erklärt, dem Subunternehmer den Streit zu verkünden. All dies wird dem Streitverkündungsempfänger zugestellt, ohne dass das Gericht prüft, ob tatsächlich die Voraussetzungen des § 72 ZPO vorliegen. Dies wird erst im Folgeprozess geprüft.
Prüfer:	Was kann der Streitverkündungsempfänger daraufhin machen?
Kandidat:	Er kann untätig bleiben, dann tritt aber trotzdem die Interventionswirkung ein, §§ 74 Abs. 3, 68 ZPO. Er kann dem Streitverkünder beitreten und wird dadurch dessen Streithelfer, §§ 74 Abs. 1, 66 ZPO. Das ist zweckmäßig, um den Hauptunternehmer zu unterstützen und einen Regressprozess zu vermeiden. Theoretisch kann er alternativ auch der Gegenseite, also der klägerischen Familie beitreten, was aber in unserem Fall keinen Sinn machen würde.
Prüfer:	Angenommen, der Hauptunternehmer hat keine Lust auf einen zweiten, langwierigen Prozess gegen den Subunternehmer. Er möchte eigene Liquiditätsnachteile ebenso vermeiden wie das erhöhte Insolvenzrisiko, wenn er den Subunternehmer erst zeitversetzt in Anspruch nimmt. Kann er seinen Regressanspruch schon im laufenden Rechtsstreit geltend machen?
Kandidat:	Das Problem dabei ist, dass ja noch gar nicht feststeht, ob der Hauptunternehmer einen Schaden erlitten hat. Ein solcher könnte ja nur in der Belastung mit einer Verbindlichkeit gegenüber dem Besteller bestehen und darum wird ja noch gestritten …
Prüfer:	Richtig. Solange der Hauptunternehmer also noch gar keinen Schadensersatz an seinen Besteller gezahlt hat: Was könnte er insoweit allenfalls vom Subunternehmer verlangen?
Kandidat:	Eine Freistellung von dieser – etwaigen – Verbindlichkeit.

Prüfer:	Genau. Und was meinen Sie, müsste er im laufenden Prozess für eine Art von Antrag stellen, wenn er Freistellung begehrt?
Kandidat:	Solange er sich selbst noch gegen seine Inanspruchnahme wehrt und gar nicht feststeht, ob tatsächlich eine Verbindlichkeit, also ein Schaden besteht, kann er noch keine Leistungsklage auf Freistellung, sondern nur eine Klage auf Feststellung der Freistellungspflicht erheben.
Prüfer:	Sehr schön. Wie würden Sie eine solche formulieren als Anwalt des Hauptunternehmers?
Kandidat:	Ich beantrage festzustellen, dass der Subunternehmer den Hauptunternehmer im Falle seiner Verurteilung von der Inanspruchnahme durch den Besteller freizustellen hat.
Prüfer:	Schön. An einen vollstreckbaren Titel kann der Hauptunternehmer also nicht gelangen, sondern muss gegebenenfalls doch noch in einem neuen Prozess auf Zahlung klagen. Wie könnte denn der Anwalt des Hauptunternehmers nun den von Ihnen formulierten Antrag in den laufenden Prozess mit dem Besteller einführen?
Kandidat:	Möglicherweise über eine Drittwiderklage.
Prüfer:	Welche Arten von Drittwiderklagen kennen Sie?
Kandidat:	Die parteierweiternde und die isolierte Drittwiderklage. Die parteierweiternde Drittwiderklage richtet sich gegen den Kläger und einen Dritten, die isolierte Drittwiderklage richtet sich ausschließlich gegen einen Dritten.
Prüfer:	Sind beide zulässig?
Kandidat:	Die parteierweiternde grundsätzlich ja, unter den Voraussetzungen der §§ 263 ff. ZPO analog. Die isolierte grundsätzlich nicht, hierfür hat die Rechtsprechung enge Voraussetzungen aufgestellt.
Prüfer:	Wozu dient eine Widerklage denn generell?
Kandidat:	Es soll die Vervielfältigung und Zersplitterung von Prozessen vermieden werden. Zusammengehörende Ansprüche sollen einheitlich verhandelt und entschieden werden können.
Prüfer:	Und mit welcher Art von Drittwiderklage hätten wir es vorliegend zu tun?
Kandidat:	Mit einer isolierten Drittwiderklage, weil sie sich ja nur gegen den Subunternehmer richtet und nicht auch gegen den Kläger.
Prüfer:	Aber der Hauptunternehmer hat doch bereits dem Subunternehmer den Streit verkündet; wenn dieser beitritt, ist er ja sogar Nebenintervenient. Kann man denn da wirklich von einem „Dritten" sprechen?

Kandidat:	Durch die Streitverkündung und selbst durch einen Beitritt wird der Subunternehmer nicht Partei des Rechtsstreits. Jeder, der weder Kläger noch Beklagter des anhängigen Rechtsstreits ist, ist „Dritter".
Prüfer:	Richtig. Und welches sind nun die Voraussetzungen für eine isolierte Drittwiderklage?
Kandidat:	Die Rechtsprechung verlangt eine tatsächlich und rechtlich enge Verknüpfung der Gegenstände von Klage und Widerklage. Außerdem dürfen keine schutzwürdigen Belange des isoliert Widerbeklagten entgegenstehen.
Prüfer:	Können Sie eine Fallkonstellation bilden, für welche die Rechtsprechung diese Voraussetzungen bejaht?
Kandidat:	In Zessionsfällen, wenn zum Beispiel der an einem Verkehrsunfall Beteiligte seine Ansprüche an einen Dritten abtritt und der Zessionar diese dann gerichtlich einklagt. Dann darf der Beklagte eine isolierte Drittwiderklage gegen den Zedenten erheben, weil der Zedent ja sein eigentlicher Streitgegner ist.
Prüfer:	Warum hat denn der Zedent seine Ansprüche überhaupt erst an den Dritten abgetreten?
Kandidat:	Um damit selbst Zeuge im Prozess sein zu können. Die Zeugenstellung verliert er dann durch die Drittwiderklage, was aber der Waffengleichheit dient, da ja nur die eigentliche Ausgangslage wiederhergestellt wird.
Prüfer:	Schön. Sind die Voraussetzungen der isolierten Drittwiderklage denn in unserem Fall erfüllt?
Kandidat:	Wir haben es zwar mit einem zusammengehörenden Baugeschehen zu tun. Aber die Gegenstände von Klage und Widerklage wären nicht wirklich eng miteinander verknüpft, weil die Klageforderung und die Ansprüche gegen den Subunternehmer auf unterschiedlichen Vertragsverhältnissen beruhen, die beide nichts miteinander zu tun haben.
Prüfer:	Das stimmt. Nehmen wir einmal die Interessen des Klägers in den Blick. Was meinen Sie, würde der Kläger, also in unserem Fall die Familie, von einer Einbeziehung des Subunternehmers mittels einer Drittwiderklage halten?
Kandidat:	Der Bauherr will selbst möglichst schnell an einen Titel gegen den Hauptunternehmer gelangen. Mit dem Subunternehmer hat er nichts zu tun. Sein Rechtsstreit würde deshalb mit Fragen belastet, die für seine Klage gar nicht relevant sind. Dadurch würde das Verfahren in die Länge gezogen.

Prüfer: Sehr schön. Aus diesem Grunde hat die Rechtsprechung auch die Unzulässigkeit der isolierten Widerklage in einem Fall wie unserem angenommen.

Vertiefungshinweise

Der Ausgangsfall beruht auf dem Urteil des BGH vom 1.8.2013, Az. VII ZR 75/11, abgedruckt in NJW 2013, 3297. Die erste Abwandlung ist angelehnt an das Urteil des BGH vom 28.6.2007, Az. VII ZR 81/06, abgedruckt in NJW 2007, 2695. Zum Ersatz fiktiver Mängelbeseitigungskosten: BGH, Urteil vom 22.2.2018, Az. VII ZR 46/17, abgedruckt in NJW 2018, 1463.

Aktuelle Rechtsprechung zur isolierten Drittwiderklage:	BGH NJW 2014, 1670 BGH NJW 2019, 1610
Zu Widerklage und Drittwiderklage:	*Wagner* JA 2014, 655; *Lühl* JA 2015, 374
Zum Freistellungsanspruch:	*Schweer/Todorow* NJW 2013, 2072 und 3004
Zur Streitverkündung:	OLG Köln NJW 2015, 3317; *Knöringer* JuS 2007, 335; *Krüger/Rahlmeyer* JA 2014, 202

Fall 11
Hundeelend

Materielles Recht: Tierhalterhaftung, Schmerzensgeldanspruch, Schockschaden, Gesamtschuldnerschaft

Prozessrecht: Streitverkündung

Prüfer: *Sie sind Richter/Richterin am Landgericht Berlin und auf Ihrem Schreibtisch landet die folgende Klage:*

Klägerin ist eine junge Frau, deren Mutter bei einem Sturz im Zusammenhang mit den zwei umherlaufenden Hunden der Beklagten zu 1 und 2 verstorben ist.

Die Klägerin war mit ihrer Mutter auf einem Bürgersteig in Berlin Neukölln unterwegs. Einige Meter vor ihnen lief auf der anderen Straßenseite der Beklagte zu 1 mit seinem angeleinten Dobermann. Einige Meter hinter ihnen lief die Beklagte zu 2 mit ihrem nicht angeleinten Jack Russell Terrier. Der Dobermann riss sich plötzlich vom Beklagten zu 1 los und stürmte auf den Terrier zu, welcher seinerseits auf den Dobermann zu rannte. Wie es genau zum Sturz der Mutter der Klägerin kam, ist zwischen den Parteien umstritten. Die Klägerin behauptet, dass der Dobermann ihre Mutter umgerannt habe. Der Beklagte zu 1 behauptet, die Frau sei vom Terrier umgerannt worden. Der Beklagte zu 2 behauptet, die Frau habe den Hunden noch ausweichen können und sei bei dieser Bewegung gestürzt. Die Frau fiel mit dem Hinterkopf auf die Bordsteinkante und erlitt hierdurch ein Schädel-Hirn-Trauma, an dessen Folgen sie nach drei Tagen Krankenhausaufenthalt mit Erbrechen, wechselndem Bewusstseinszustand und einem erfolglosen Operations-Versuch schließlich verstarb.

Die Klägerin als Alleinerbin ihrer Mutter begehrt nun die gesamtschuldnerische Verurteilung der Beklagten zur Zahlung eines angemessenen Schmerzensgeldes, für ihre Mutter in Höhe von mindestens 20.000 € sowie wegen eines eigenen Schockschadens in Höhe von mindestens 10.000 €. Sie leidet seit dem Unfall an Depressionen und befindet sich in psychiatrischer Behandlung.

Die Beklagten beantragen Klageabweisung.

Bitte prüfen Sie zunächst die Zulässigkeit der Klage.

Kandidat:	Die sachliche Zuständigkeit folgt aus den §§ 1, 5 ZPO, §§ 23 Nr. 1, 71 Abs. 1 GVG, da der Streitwert hier mehr als 5.000 € beträgt. Die örtliche Zuständigkeit folgt aus § 32 ZPO, da es um eine unerlaubte Handlung geht.
Prüfer:	Kennen Sie darüber hinaus noch weitere Arten der Zuständigkeit?
Kandidat:	Die internationale und die funktionelle Zuständigkeit.
Prüfer:	Können Sie diese erklären?
Kandidat:	Die internationale Zuständigkeit entscheidet, ob deutsche oder ausländische Gerichte zuständig sind. Die funktionelle Zuständigkeit betrifft die Frage, welches Organ oder welcher Spruchkörper eines Gerichts zuständig ist.
Prüfer:	Welche Spruchkörper gibt es am Landgericht?
Kandidat:	Den Einzelrichter und die Kammer.
Prüfer:	Wie ist die Kammer besetzt?
Kandidat:	Mit drei Mitgliedern einschließlich des Vorsitzenden, § 75 GVG.
Prüfer:	Wo ist geregelt, welcher der beiden Spruchkörper zuständig ist?
Kandidat:	In den §§ 348, 348a ZPO. Grundsätzlich entscheidet der originäre Einzelrichter, § 348 Abs. 1 S. 1 ZPO, es sei denn es liegt ein Sonderfall des § 348 Abs. 1 S. 2 ZPO vor oder die Kammer übernimmt den Rechtsstreit, § 348 Abs. 3 ZPO. Im Falle einer originären Kammerzuständigkeit kann die Kammer die Sache auf den obligatorischen Einzelrichter übertragen, § 348a Abs. 1 ZPO.
Prüfer:	Und wie sieht es in unserem Fall aus?
Kandidat:	Es entscheidet der originäre Einzelrichter, insbesondere haben wir es hier nicht mit einem der in § 348 Abs. 1 S. 2 Nr. 2 ZPO genannten Sachgebiete zu tun.
Prüfer:	Wonach bestimmt sich denn, welche Kammer des Landgerichts zuständig ist?
Kandidat:	Nach dem Geschäftsverteilungsplan des Gerichts, der vom Präsidium aufgestellt wird, § 21e Abs. 1 S. 1 GVG.
Prüfer:	Und wonach bestimmt sich, welcher Einzelrichter einer Kammer tätig wird?
Kandidat:	Nach dem kammerinternen Geschäftsverteilungsplan, § 21g Abs. 1 GVG.
Prüfer:	Welches Verfassungsrecht steht hinter den Geschäftsverteilungsplänen?

74

Kandidat:	Das Recht auf den gesetzlichen Richter aus Art. 101 Abs. 1 S. 2 GG. Es muss generell im Voraus nach objektiven Merkmalen festgelegt sein, wer zuständig ist.
Prüfer:	Schön. Kommen wir zurück zur Zulässigkeit unserer Klage. Wie sieht es mit dem Klageantrag aus?
Kandidat:	§ 253 Abs. 2 Nr. 2 ZPO erfordert einen bestimmten Antrag. Wir haben es hier mit einem unbezifferten Antrag zu tun, da die Klägerin die Höhe des Schmerzensgeldes in das Ermessen des Gerichts gestellt hat. Ein solcher Antrag ist ausnahmsweise zulässig wegen des richterlichen Ermessens bei der Höhe des Schmerzensgeldes, § 253 Abs. 2 BGB, § 287 ZPO. Es genügen dann die Angabe einer ungefähren Größenordnung bzw. eines Mindestbetrages sowie die Mitteilung von Tatsachen zur sachgerechten Ermessensausübung.
Prüfer:	Welche Nachteile hätte es nämlich, wenn die Klägerin zu einer Bezifferung gezwungen wäre?
Kandidat:	Wenn sie weniger beantragt, als der Richter ihr zusprechen würde, geht sie wegen § 308 Abs. 1 ZPO teilweise leer aus. Wenn sie dagegen zu viel beantragt, muss sie einen Teil der Kosten tragen, § 92 Abs. 1 ZPO.
Prüfer:	Genau. Dass wir es hier mit einer objektiven und subjektiven Klagehäufung zu tun haben, die gemäß §§ 59 f., 260 ZPO zulässig ist, nehme ich Ihnen hiermit ab, sodass wir zur Begründetheit kommen. Wie sieht es mit dem Schmerzensgeldanspruch für die Mutter der Klägerin aus?
Kandidat:	Ein solcher könnte sich aus §§ 833 S. 1, 840 Abs. 1 BGB i.V.m. § 253 Abs. 2 BGB i.V.m. § 1922 BGB ergeben. Dass die Klägerin Alleinerbin ist, wissen wir ja bereits, sodass es darauf ankommt, ob der Erblasserin ein Schmerzensgeldanspruch zustand. Dazu müssten also die Voraussetzungen des § 833 S. 1 BGB vorliegen.
Prüfer:	Worin unterscheidet sich der Satz 1 vom Satz 2?
Kandidat:	Der Satz 1 sieht für sogenannte Luxustiere eine Gefährdungshaftung vor, während der Satz 2 für Nutztiere eine Haftung für vermutetes Verschulden vorsieht.
Prüfer:	Was ist der Grund für die strenge Tierhalterhaftung bei Luxustieren?
Kandidat:	Der Gesetzgeber wollte damit sicherstellen, dass derjenige, der die von Tieren ausgehende Gefahr im eigenen Interesse schafft und beherrscht, auch für die dadurch verursachten Folgen einsteht.
Prüfer:	Und um welche Tiere handelt es sich vorliegend?

Kandidat:	Die Hunde stellen Luxustiere dar, da sie nicht dem Beruf, der Erwerbstätigkeit oder dem Unterhalt ihrer Halter zu dienen bestimmt sind.
Prüfer:	Dann subsumieren Sie mal weiter.
Kandidat:	Die Mutter der Klägerin müsste „durch ein Tier" verletzt bzw. getötet worden sein. Dafür ist zweierlei erforderlichEs muss ein kausaler Zusammenhang zwischen dem Verhalten des Tieres und dem Tod bestehen und es muss sich eine spezifische Tiergefahr realisiert haben.
Prüfer:	Woraus entnehmen Sie das letztgenannte Erfordernis?
Kandidat:	Aus dem Schutzzweck des § 833 BGB, den wir gerade bestimmt hatten. Der Grund für die strenge Haftung ist ja gerade die besondere Gefahrschaffung durch das Halten eines Tieres, die besonderen Gefahren müssen daher auch tierspezifisch sein.
Prüfer:	Richtig. Und wie sieht es hier aus?
Kandidat:	Naja, der genaue Schadensverlauf ist zwischen den Beteiligten umstritten. Ich weiß nicht, ob tatsächlich einer der Hunde die Frau umgerannt hat, und wenn ja, welcher. Ich denke, ich müsste also Beweis erheben …
Prüfer:	Nicht so schnell. Wann muss ein Richter nur Beweis erheben?
Kandidat:	Nur im Falle einer Beweisbedürftigkeit, wenn also der Vortrag der Klägerin schlüssig und derjenige der Beklagten erheblich ist.
Prüfer:	Genau. Daran fehlt es also, wenn eine Haftung sowohl nach dem Vortrag der Klägerin als auch nach dem Vortrag der Beklagten bestünde.
Kandidat:	Wenn der Dobermann die Mutter der Klägerin zu Fall gebracht hätte, würde der Beklagte zu 1 auf jeden Fall aus § 833 S. 1 BGB haften, weil sein Hund ja direkt den Sturz und damit die zum Tode führende Körper- und Gesundheitsverletzung verursacht hätte. Aber auch der Beklagte zu 2 würde haften, weil eine Mitverursachung für den Kausalzusammenhang ausreicht. Ohne seinen Terrier wäre der Dobermann nicht losgerannt.
	Das gleiche gilt damit auch im umgekehrten Fall, wenn der Terrier die Frau umgerannt hätte.
	Bleibt noch die Konstellation, dass die Frau noch ausweichen konnte und dabei stürzte. In diesem Fall wäre das Verhalten der Hunde trotzdem mittelbar ursächlich für den Sturz und den Tod, weil eine Schreckreaktion nach allgemeiner Lebenserfahrung voraussehbar war. Auch dann wurde der Tod „durch ein Tier" verursacht.

Prüfer:	Sehr schön. Und wie sieht es mit der Realisierung der typischen Tiergefahr aus?
Kandidat:	Das Umrennen eines Menschen durch einen Hund ist gerade Ausdruck der Unberechenbarkeit tierischen Verhaltens, ebenso wie ein Anspringen oder Beißen. Das gilt auch für den Hund, der die Frau nicht umgerannt hat, weil erst durch das Zusammenwirken der beiden Hunde sich ja die spezifische Tiergefahr zum Schaden der Frau realisiert hat. Die aufeinander zu rennenden Hunde haben aufeinander eingewirkt und sind in ihrem Verhalten unkontrollierbarer als ein einzelner Hund.
	Auch wenn die Frau den Hunden noch ausgewichen wäre, hätte sich eine Tiergefahr verwirklicht, weil ja das unvorhergesehene Heranrasen des Hundes ursächlich für die Ausweichbewegung war und die Laufrichtung eines Hundes gerade nicht sicher vorhergesagt werden kann.
Prüfer:	Das klingt gut. Wer ist „Halter" eines Tieres?
Kandidat:	Derjenige, der die Bestimmungsmacht über das Tier ausübt, es im eigenen Interesse hält und für die laufenden Kosten aufkommt.
Prüfer:	Richtig, das unterstellen wir hier mal bei den Beklagten und kommen zum Schmerzensgeld. Welchen Funktionen dient das Schmerzensgeld?
Kandidat:	Zum einen soll es einen Ausgleich für die erlittenen Schmerzen und Leiden bieten. Ferner soll es dem Verletzten Genugtuung für das verschaffen, was ihm der Schädiger angetan hat.
Prüfer:	Welche Kriterien ziehen Sie bei der Bemessung heran?
Kandidat:	Aufseiten des Verletzten berücksichtige ich das Ausmaß und die Schwere der Verletzung und Schmerzen, die Dauer der stationären Behandlung, etwaige Langzeitfolgen. Aufseiten des Schädigers spielt insbesondere der Verschuldensgrad eine Rolle.
Prüfer:	Wie sieht es vorliegend aus?
Kandidat:	Die Mutter der Klägerin ist nicht sofort gestorben, sondern sie hat das Bewusstsein zwischendurch wiedererlangt. Sie litt immerhin drei Tage an einer sehr schweren und schmerzhaften Kopfverletzung und musste sich einer vergeblichen Operation unterziehen. Wegen der Art und Schwere der Verletzung dürften 20.000 € wohl nicht zu hoch bemessen sein. Ich würde mich da letztlich an der Schmerzensgeldtabelle orientieren.
Prüfer:	Richtig, so macht es die Praxis. Sehen Sie hier einen Anhaltspunkt für die Kürzung des Schmerzensgeldes?
Kandidat:	Selbst wenn wir annehmen, dass die Frau infolge einer Ausweichbewegung gestürzt wäre, läge hierin kein Mitverschulden im Sinne

des § 254 Abs. 1 BGB. Im Rahmen einer schreckhaften Reaktion auf einen heranrasenden Hund konnte man nicht erwarten, dass die Frau die Laufrichtung genau einschätzt und entsprechend reagiert.

Prüfer: So ist es. Ist denn der Schmerzensgeldanspruch auf die Klägerin übergegangen?

Kandidat: Dem könnte der Grundsatz entgegenstehen, dass höchstpersönliche Rechte unvererblich sind. Auch die Funktionen des Schmerzensgeldes werden ja nicht mehr erreicht, wenn der Anspruchsberechtigte verstirbt ...

Prüfer: Ich geben Ihnen eine Hilfestellung: Der Schmerzensgeldanspruch war früher in § 847 BGB geregelt. Dort hieß es in dem inzwischen gestrichenen Satz 2: „Der Anspruch ist nicht übertragbar und geht nicht auf die Erben über, es sei denn, daß er durch Vertrag anerkannt oder daß er rechtshängig geworden ist."

Kandidat: Nun, wenn der Gesetzgeber diesen Satz ersatzlos gestrichen hat, dann bedeutet es ja im Umkehrschluss, dass der Schmerzensgeldanspruch nun frei übertragbar und vererblich ist.

Prüfer: Richtig. Können Sie sich den Grund des Gesetzgebers für die Streichung vorstellen?

Kandidat: Es kam bestimmt häufig zu einem „Wettrennen mit dem Tod", wenn die Angehörigen eines schwer Verletzten vor dessen Tod noch für die Rechtshängigkeit eines solchen Anspruchs sorgen mussten. Das wollte der Gesetzgeber ausschließen.

Prüfer: So ist es. Wie sieht es nun mit einem Anspruch der Klägerin auf Schmerzensgeld aus?

Kandidat: Ein solcher könnte sich aus §§ 833 S. 1, 840 Abs. 1 BGB i.V.m. § 253 Abs. 2 BGB ergeben. Dafür müsste die Klägerin eine eigene Körper- bzw. Gesundheitsverletzung erlitten haben. Dies können auch psychische Schäden sein, sofern sie medizinisch feststellbar sind. Gefühle wie Trauer, Schrecken und Entsetzen genügen also nicht den Anforderungen an einen Schockschaden. Hier hat die Klägerin eine behandlungsbedürftige Depression erlitten, welche mithin eine Gesundheitsverletzung darstellt.

Prüfer: Wurde diese auch „durch ein Tier" hervorgerufen?

Kandidat: Wir haben es hier mit einer psychisch vermittelten Kausalität zu tun, weil die Depression durch den Anblick der wegen der Hunde stürzenden Mutter mittelbar kausal hervorgerufen wurde. In diesem Fall bedarf es einer besonderen Prüfung, ob der Verletzungserfolg nach der Lehre vom Schutzzweck der Norm dem Schädiger objektiv zurechenbar ist. Um bei Schockschäden eine ausufernde Haftung zu vermeiden, verlangt die Rechtsprechung eine innere Verbindung zwischen dem psychischen Schaden und dem Unfallhergang, da sich ansonsten nur das allgemeine Lebensrisiko realisiert, Zeuge eines schweren Unfalls zu werden.

Prüfer: So ist es. Auf welche Fälle wird danach der Ersatz von Schockschäden beschränkt?

Kandidat: Ein solcher Anspruch steht nur nahen Angehörigen sowie Verlobten und Lebensgefährten zu. Die Tochter zählt daher zum umfassten Personenkreis.

Daneben muss der Schock im Hinblick auf seinen Anlass verständlich sein. Ein solcher Anlass liegt beim direkten Miterleben einer schweren, zum Tode führenden Verletzung der eigenen Mutter auf jeden Fall vor.

Prüfer: Gut. Wie wäre es nun, wenn die Beklagten sich damit verteidigen, dass bei der Klägerin schon vor dem Unfall eine depressive Persönlichkeitsstruktur vorgelegen habe?

Kandidat: Dies lässt den Zurechnungszusammenhang nicht entfallen. Wer einen gesundheitlich geschwächten Menschen verletzt, kann nicht verlangen, so gestellt zu werden, als wenn der Betroffene gesund gewesen wäre.

Prüfer: Genau. Wie wäre ein Fall zu beurteilen, in dem ein Hundehalter beobachten muss, wie sein Hund getötet wird. Wäre ein Schockschaden in diesem Fall zu ersetzen?

Kandidat: Nein, nach den soeben genannten Grundsätzen der Rechtsprechung fehlt es hier an einer engen personalen Beziehung und damit am Zurechnungszusammenhang. Eine solche Beeinträchtigung gehört zum allgemeinen Lebensrisiko.

Prüfer: In der Tat. In unserem Fall würden wir damit der Klage vollumfänglich stattgeben. Wie wäre es, wenn ein Mitverschulden der Mutter der Klägerin von 50 % vorläge?

Kandidat: Dann ist das Mitverschulden bei der Bemessung des auf die Klägerin übergegangenen Schmerzensgeldanspruchs ihrer Mutter auf jeden Fall anspruchsmindernd zu berücksichtigen, § 254 Abs. 1 BGB. Was den eigenen Schmerzensgeldanspruch der Klägerin angeht, ist allerdings fraglich, ob hier auch eine Kürzung vorzunehmen ist.

Prüfer: Warum können Sie § 254 Abs. 1 BGB hier nicht direkt anwenden?

Kandidat: Weil es nicht um einen Anspruch der Mutter der Klägerin geht, sondern um einen eigenen Ersatzanspruch der Klägerin, der ja selbst kein Mitverschulden zur Last fällt.

Prüfer: Kennt das Gesetz denn die Kürzung des Anspruchs eines Dritten, wenn dem Verletzten ein Mitverschulden zur Last fällt?

Kandidat:	Ja, § 846 BGB sieht in diesem Fall vor, dass der Dritte sich ein Mitverschulden des Verletzten anrechnen lassen muss. Die Norm ist allerdings direkt nicht anwendbar, da es hier nicht um Ansprüche aus §§ 844, 845 BGB geht.
Prüfer:	Wie sieht es mit einer analogen Anwendung aus?
Kandidat:	Dafür sind eine planwidrige Regelungslücke und eine vergleichbare Interessenlage erforderlich. Ich zweifle hier insbesondere an Letzterem, weil es sich bei den §§ 844, 845 BGB um abgeleitete Ansprüche eines mittelbar Geschädigten handelt, die an die unmittelbare Verletzung eines anderen anknüpfen. Hingegen geht es beim Schockschaden um einen eigenen Anspruch des Angehörigen aus § 823 Abs. 1 BGB. Der Anspruch ist in der Regel unabhängig davon, ob der unmittelbar Verletzte selbst einen Ersatzanspruch gehabt hätte.
Prüfer:	Richtig. Wonach könnte denn trotzdem das Mitverschulden der Mutter der Klägerin Berücksichtigung finden? Denken Sie noch einmal daran, wie sich der Schmerzensgeldanspruch bemisst.
Kandidat:	Der Schmerzensgeldanspruch ist nach Billigkeit zu bemessen, das heißt, es fließen grundsätzlich sämtliche Umstände des Einzelfalles in die Bemessung mit ein. Zwischen der Klägerin und ihrer Mutter bestand eine enge persönliche Beziehung. Nur deshalb hat die Klägerin ja beim Miterleben des Unfalls überhaupt einen Schock erlitten. Diese persönliche Nähebeziehung zwischen Angehörigen könnte als Grundlage für die Anrechnung des fremden Mitverschuldens in Betracht kommen.
Prüfer:	So sieht es die Rechtsprechung und stützt dies auf eine analoge Anwendung der §§ 242, 254 BGB.
	In unserem Fall beantragt nun die Beklagte zu 2 nicht nur Klageabweisung, sondern verkündet auch dem Beklagten zu 1 den Streit. Sie macht geltend, dass der Dobermann die Mutter der Klägerin umgerannt habe, weshalb der Beklagte zu 1 im Innenverhältnis einen größeren Haftungsanteil als sie tragen müsse.
	Auch wenn die Frage, ob die Streitverkündung zulässig ist, erst im Folgeprozess geprüft wird, möchte ich sie mit Ihnen an dieser Stelle prüfen.
Kandidat:	Eine Streitverkündung ist zulässig unter den Voraussetzungen des § 72 Abs. 1 ZPO. Bei der Beklagten zu 1 müsste es sich zunächst um einen „Dritten" handeln. Das ist hier problematisch, weil der Beklagte zu 1 ja bereits Partei und damit kein Unbeteiligter ist …
Prüfer:	Überlegen Sie noch einmal, wie der Begriff des „Dritten" hier auszulegen sein könnte. Wozu dient die Streitverkündung?

Kandidat:	Insbesondere der Herbeiführung der Interventionswirkung, §§ 74 Abs. 3, 68 ZPO. Diese brauche ich nicht, wenn das Urteil sowieso in Rechtskraft zwischen den Parteien erwächst, §§ 322, 325 ZPO. Dies ist aber nur im Verhältnis von Klägerin und dem jeweiligen Beklagten der Fall, weil nur insoweit jeweils ein Prozessrechtsverhältnis besteht. Zwischen einfachen Streitgenossen besteht hingegen kein derartiges Prozessrechtsverhältnis, sodass hier die Interventionswirkung herbeigeführt werden muss. Damit kann die Beklagte zu 2 dann insbesondere die Haftung des Beklagten zu 1 dem Grunde nach verbindlich feststellen lassen.
Prüfer:	Das haben Sie sehr schön hergeleitet. Worin besteht vorliegend der Streitverkündungsgrund?
Kandidat:	Dieser ergibt sich aus dem Gesamtschuldnerausgleich gemäß § 426 Abs. 1 S. 1 BGB und § 426 Abs. 2 BGB i.V.m. § 833 S. 1 BGB.

Vertiefungshinweise

Der Fall ist angelehnt an die Entscheidungen des OLG Frankfurt NJW-RR 2007, 748 und des LG Gießen NJW 1987, 711.

Zum „Schockschaden" eines Tierhalters nach Tötung seines Hundes:	BGH NJW 2012, 1730
Aktuelle Entscheidung zur Ersatzfähigkeit von Schockschäden:	*Mäsch* JuS 2015, 747 und JuS 2019, 1022
Grundfälle zum Schadensrecht:	*Armbrüster* JuS 2007, 508 und 605; *Förster* JA 2015, 801
Grundwissen Einzelrichter- und Kammerzuständigkeit:	*Huber* JuS 2011, 114
Zum Zivilprozess vor dem Landgericht:	*Kontusch* JA 2015, 210
Zur Streitverkündung:	*Knöringer* JuS 2007, 335; *Krüger/Rahlmeyer* JA 2014, 202
Zur Streitgenossenschaft:	*Pieronczyk/Pieronczyk* JuS 2020, 319

Fall 12
Doppelte Enttäuschung

Materielles Recht:	Auskunftsanspruch
Prozessrecht:	Stufenklage, Vollstreckung eines Auskunftsanspruchs, Erledigung, Auslegung von Sachanträgen

Prüfer:	*Stellen Sie sich vor, Sie bekommen als Richter/-in eine Akte auf den Tisch, in der der Kläger folgende Anträge stelltdie Beklagte zu verurteilen, (1.) Auskunft zu erteilen über den Bestand und Verbleib des Nachlasses der am 25.12.2019 verstorbenen Carla Reinhardt, (2.) gegebenenfalls die Richtigkeit und Vollständigkeit der Angaben an Eides Statt zu versichern, (3.) an den Kläger ¼ des Betrages zu zahlen, der sich aus der Ziffer 1 ergeben wird.*
	Der Klagebegründung entnehmen Sie, dass die Parteien alleinige gesetzliche Erben ihrer verstorbenen Mutter sind. Diese hat die Beklagte in ihrem Testament zur Alleinerbin eingesetzt und den Kläger auf seinen Pflichtteil verwiesen. Der Kläger kennt den Bestand des Nachlasses nicht; auch die Beklagte hat ihn hierüber im Unklaren gelassen.
	Mit welcher Art von Antrag haben wir es vorliegend zu tun?
Kandidat:	Es handelt sich um eine Stufenklage, die in § 254 ZPO geregelt ist.
Prüfer:	In welchem Verhältnis steht die Stufenklage zur Klagehäufung, § 260 ZPO?
Kandidat:	Die Stufenklage stellt einen Sonderfall der objektiven Klagehäufung dar. Anders als bei der kumulativen Klagehäufung wird nicht in einem Urteil gleichzeitig über sämtliche Anträge entschieden, sondern es wird über jeden Antrag separat verhandelt und durch Teil- bzw. Schlussurteil entschieden.
Prüfer:	Warum hat der Kläger denn hier eine Stufenklage gewählt? Er hätte doch auch zuerst nur mit einer „normalen" Leistungsklage auf Auskunft klagen können?
Kandidat:	Die Stufenklage hat den Vorteil, dass sofort alle drei Ansprüche rechtshängig werden. Würde der Kläger nur isoliert auf Auskunft klagen, würde die Verjährung des Hauptanspruchs, der hier auf Zahlung gerichtet ist, nicht gemäß § 204 Abs. 1 Nr. 1 BGB ge-

	hemmt. Außerdem ist eine Stufenklage kostengünstiger als mehrere selbstständige Prozesse.
Prüfer:	Und warum hat der Kläger nicht mittels einer objektiven Klagehäufung gleichzeitig auf Auskunft und Zahlung geklagt?
Kandidat:	Weil er derzeit noch nicht in der Lage ist, den Zahlungsanspruch der Höhe nach zu beziffern. Dies ist aber wegen § 253 Abs. 2 Nr. 2 ZPO grundsätzlich erforderlich. Hiervon gestattet § 254 ZPO eine Ausnahme. Danach darf der Kläger bei Klageerhebung den Leistungsantrag noch unbeziffert lassen, es genügt, wenn er den Antrag nach Abschluss der ersten beiden Stufen beziffert.
Prüfer:	Wie bestimmt sich denn bei der Stufenklage die sachliche Zuständigkeit der Gerichte?
Kandidat:	Ich würde hier wie bei der objektiven Klagehäufung gemäß § 5, 1. Hs ZPO die Einzelwerte der Anträge addieren. Wir haben ja gerade festgestellt, dass die Stufenklage ein Sonderfall der objektiven Klagehäufung ist.
Prüfer:	Das können Sie gut so vertreten, es gibt aber auch eine andere Ansicht, die den Streitwert nur nach derjenigen Stufe bemisst, die den höchsten Wert hat, was in der Regel der Zahlungsanspruch sein wird. Was meinen Sie, wie diese Ansicht argumentiert?
Kandidat:	Mit der wirtschaftlichen Identität der Ansprüche. Letztlich hat der Kläger ja nur an der Zahlungsstufe ein wirtschaftliches Interesse und die beiden anderen Stufen dienen lediglich der Vorbereitung der letzten Stufe. Die ersten beiden Stufen sind also wirtschaftlich in der dritten Stufe enthalten.
Prüfer:	So ist es. Können Sie das auch an einer Vorschrift festmachen?
Kandidat:	§ 44 GKG. Die Norm ist zwar nicht direkt einschlägig, weil sie den Gebühren- und nicht den Zuständigkeitsstreitwert betrifft, aber man könnte ihren Rechtsgedanken heranziehen.
Prüfer:	Gut. Wie gehen Sie denn bei der Bemessung des Zahlungsanspruchs vor? Der Kläger hat den ja gerade noch nicht beziffert …
Kandidat:	Nach § 3 ZPO besteht ein gerichtliches Ermessen. Ich würde schauen, ob sich der Klage entnehmen lässt, was in etwa zu erwarten sein dürfte, zum Beispiel aus den Lebensverhältnissen der Erblasserin.
Prüfer:	Genau. Inwieweit muss denn der Kläger ihnen bei der Schätzung helfen?
Kandidat:	Er darf zwar den Zahlungsantrag unbeziffert lassen, muss sich aber trotzdem zum Gegenstandswert äußern, § 61 GKG.
Prüfer:	So ist es. Liegen denn nun die Voraussetzungen des § 254 ZPO vor?

Kandidat:	Auf der ersten Stufe haben wir es mit einem Auskunftsanspruch zu tun. Nach dem Wortlaut handelt es sich weder um „Rechnungslegung" noch um ein „Vermögensverzeichnis" oder eine „eidesstattliche Versicherung". Und auf der dritten Stufe liegt auch keine „Klage auf Herausgabe", sondern eine Zahlungsklage vor. Allerdings könnte der Sinn und Zweck des § 254 ZPO eine weite Auslegung gebieten. Wir haben ja gerade bereits die Vorteile der Stufenklage erläutert. Auf diese ist der Kläger auch bei einem Auskunfts- und Zahlungsanspruch angewiesen.
Prüfer:	Genau. Woraus ergibt sich denn vorliegend ein Auskunftsanspruch?
Kandidat:	Aus § 2314 Abs. 1 S. 1 BGB. Anspruchsberechtigter ist der Pflichtteilsberechtigte, der nicht Erbe ist. Der Kläger ist Abkömmling der Erblasserin und durch Testament von der Erbfolge ausgeschlossen, also pflichtteilsberechtigt, § 2303 Abs. 1 S. 1 BGB. Anspruchsverpflichtet ist der Erbe, also die Beklagte.
Prüfer:	Hätte der Kläger auch dann einen Auskunftsanspruch, wenn er als Erbe zu 1/8 eingesetzt worden wäre?
Kandidat:	Nach dem Wortlaut des § 2303 Abs. 1 S. 1 BGB ist gerade erforderlich, dass der Pflichtteilsberechtigte nicht Erbe ist. Auch Sinn und Zweck gebieten keine weite Auslegung. Ein Erbe ist nicht auf Auskunft angewiesen, weil er aus § 2038 BGB ein Recht auf Mitverwaltung hat und sich dadurch selbst Informationen über den Nachlass verschaffen kann.
Prüfer:	Schön. Kennen Sie noch einen anderen Auskunftsanspruch im BGB außerhalb des Erbrechts?
Kandidat:	Der Auskunftsanspruch aus § 666 BGB beim Auftrag.
Prüfer:	Wissen Sie, woraus die Rechtsprechung einen Auskunftsanspruch herleitet, wenn in einem Fall einmal kein spezieller Auskunftsanspruch einschlägig ist?
Kandidat:	Aus § 242 BGB. Erforderlich ist eine Sonderverbindung zwischen den Parteien. Ferner muss der Berechtigte in entschuldbarer Weise über das Bestehen oder den Umfang seines Rechts im Ungewissen sein und der Verpflichtete muss die Auskunft unschwer geben können.
Prüfer:	Richtig. Sie wollen nun die Beklagte zur Auskunft verurteilen. Welche Art von Urteil wählen Sie?
Kandidat:	Ein Teilurteil.
Prüfer:	Wie sieht ihr Kosten-Tenor aus?
Kandidat:	Ich lege der Beklagten die Kosten auf.

Prüfer:	Vorsicht! Wir haben vorhin festgestellt, dass der Kläger gerade keine drei selbstständigen Leistungsklagen erhoben hat, sondern eine einheitliche Leistungsklage bestehend aus drei sukzessiv zu entscheidenden Anträgen.
Kandidat:	Ah ja, ich darf deswegen in den einzelnen Teilurteilen nicht über die Kosten entscheiden, sondern erst im Schlussurteil. Ich treffe deshalb nur einen Ausspruch zur vorläufigen Vollstreckbarkeit.
Prüfer:	So ist es. Aus diesem Grunde wird nach überwiegender Auffassung auch Prozesskostenhilfe nicht auf jeder Stufe gesondert bewilligt, sondern von vornherein für alle Stufen. Unterstellen wir nun, dass Sie das Teilurteil erlassen haben und die Beklagte sich trotzdem weigert, Auskunft zu erteilen. Was kann der Kläger tun?
Kandidat:	Er kann aus dem Teilurteil vollstrecken. Da es sich bei der Auskunftserteilung um eine nicht vertretbare Handlung handelt, erfolgt die Vollstreckung nach § 888 ZPO.
Prüfer:	Wie läuft die Vollstreckung ab?
Kandidat:	Der Kläger muss zunächst beim Prozessgericht einen entsprechenden Antrag stellen. Das Gericht muss dann die Beklagte anhören, § 891 S. 2 ZPO, und setzt durch Beschluss ein Zwangsgeld, ersatzweise Zwangshaft fest.
Prüfer:	Nehmen wir einmal an, dass die Beklagte nach Erlass des Teilurteils einige Notizzettel an den Kläger übersandt hat, um ihrer Auskunftspflicht nachzukommen. Der Kläger hält diese für unzureichend und beantragt gemäß § 888 ZPO ein Zwangsgeld. Die Beklagte wendet nun Erfüllung ein. Was tun Sie als Richter?
Kandidat:	Ich könnte eine Beweisaufnahme durchführen und so klären, ob die Beklagte den Auskunftsanspruch mit Übersendung der Notizen erfüllt hat.
Prüfer:	Dürfen Sie auf den Erfüllungseinwand der Beklagten denn überhaupt eingehen?
Kandidat:	Eine Zwangsvollstreckung setzt doch gerade voraus, dass der Beklagte die Handlung, zu der er verurteilt wurde, nicht vorgenommen hat. Die Nichterfüllung ist also Tatbestandsmerkmal bei den §§ 887 ff. ZPO.
Prüfer:	Das wird so vertreten. Können Sie sich vorstellen, worauf die Gegner dieser Ansicht unsere Beklagte verweisen würden?
Kandidat:	Auf die Erhebung einer Vollstreckungsabwehrklage gemäß § 767 ZPO, da es sich ja beim Erfüllungseinwand um eine nachträgliche Einwendung gegen den titulierten Anspruch handelt.
Prüfer:	Welcher Grundsatz der Zwangsvollstreckung steckt hinter dieser Ansicht?

Kandidat:	Der Grundsatz der Formalisierung der Zwangsvollstreckung. Ein Vollstreckungsorgan soll grundsätzlich keine materiell-rechtlichen Einwendungen berücksichtigen. Außerdem lässt sich argumentieren, dass der Schuldner ansonsten eine zügige Zwangsvollstreckung vereiteln könnte.
Prüfer:	Richtig. Fällt Ihnen ein Argument ein, was man dieser Ansicht wiederum entgegen halten könnte?
Kandidat:	Die Prozessökonomie. Dasselbe Prozessgericht, welches über den Antrag nach § 888 ZPO entscheidet, wäre ja auch für eine Vollstreckungsabwehrklage zuständig. Wenn ich den Erfüllungseinwand schon im Vollstreckungsverfahren berücksichtige, kann ich einen zweiten Prozess vermeiden.
Prüfer:	Sehr schön. Kommen wir wieder zu unserem Ausgangsfall zurück. Sie haben ein erstes Teilurteil erlassen und die Beklagte hat die Auskunft erteilt. Wann entscheiden Sie als Richter über den zweiten Antrag des Klägers?
Kandidat:	Das erste Teilurteil muss formell rechtskräftig sein und der Kläger oder die Beklagte muss einen Antrag auf Terminbestimmung stellen.
Prüfer:	Genau. Woraus ergibt sich der Anspruch auf Abgabe einer eidesstattlichen Versicherung?
Kandidat:	Aus § 260 Abs. 2 BGB, der weit auszulegen ist. Jeder Auskunftsanspruch ist mit einem Recht auf eidesstattliche Versicherung versehen.
Prüfer:	Richtig. Was setzt der Anspruch tatbestandlich voraus?
Kandidat:	Es muss Grund zu der Annahme bestehen, dass die Auskunft nicht mit der erforderlichen Sorgfalt erteilt wurde.
Prüfer:	Und wenn der Kläger nach der Auskunftserteilung nun aber gar keine Zweifel daran hat?
Kandidat:	Dann kann er sofort zur dritten Stufe übergehen, ohne dass er etwa insoweit für erledigt erklären müsste. Die Anträge auf der ersten und zweiten Stufe haben nur einen vorbereitenden Charakter und sind bloße Hilfsmittel auf dem Weg zur Bezifferung, sodass der Kläger direkt zum eigentlichen Rechtschutzziel übergehen kann.
Prüfer:	Richtig. Wie wird die Verurteilung zur Abgabe einer eidesstattlichen Versicherung vollstreckt?
Kandidat:	Nach § 889 ZPO.
Prüfer:	Ich wandele nun den Ausgangsfall noch einmal ab. Stellen Sie sich vor, dass die Beklagte nach Erlass des ersten Teilurteils die geforderte Auskunft erteilt und sich daraus ergibt, dass die Erblasserin

bereits zu Lebzeiten ihr gesamtes Vermögen durchgebracht hat, so-dass im Zeitpunkt ihres Todes nichts mehr vorhanden war. Der Klä-ger erklärt daraufhin den Zahlungsantrag für erledigt und beantragt, der Beklagten die Kosten aufzuerlegen. Die Beklagte widerspricht der Erledigungserklärung und beantragt Klageabweisung. Was prü-fen Sie?

Kandidat: Mit einer einseitigen Erledigungserklärung begehrt ein Kläger fest-zustellen, dass die Klage ursprünglich zulässig und begründet war und durch ein nach Rechtshängigkeit eingetretenes Ereignis unzu-lässig und/oder unbegründet geworden ist. Dieser Wechsel von einer Leistungs- zur Feststellungsklage ist eine gemäß § 264 Nr. 2 ZPO zulässige Klageänderung. Hier bestand allerdings zu keinem Zeitpunkt ein Pflichtteilsanspruch des Klägers. Der Hauptantrag war also schon im Zeitpunkt der Klageerhebung unbegründet und hat sich deshalb nicht „erledigt".

Prüfer: Richtig. Haben Sie Bedenken, wenn Sie nun deswegen die Feststel-lungsklage des Klägers abweisen und ihm gemäß § 91 Abs. 1 S. 1 ZPO die Kosten auferlegen?

Kandidat: Ja, weil § 254 ZPO dem Kläger ja gestattet hatte, den Hauptan-spruch sofort mit dem Auskunftsanspruch rechtshängig zu machen. Wenn sich nach der Auskunft ergibt, dass der Hauptanspruch nicht besteht, darf der Kläger ja nicht schlechter stehen, als wenn er erst nur auf Auskunft geklagt hätte.

Prüfer: Gut. Haben Sie eine Idee, wie wir dem Kläger helfen könnten? Wie wäre es mit § 93 ZPO?

Kandidat: Der passt wegen des Wortlauts direkt nicht, weil die Beklagte kein Anerkenntnis abgegeben hat. Unser Fall ist mit der prozessualen Si-tuation des § 93 ZPO auch nicht vergleichbar, weil die Beklagte stets Klageabweisung beantragt hat.

Prüfer: Wie sieht es mit § 91a ZPO aus?

Kandidat: Dieser setzt zwei übereinstimmende Erledigungserklärungen vo-raus, an denen es vorliegend ebenfalls fehlt.

Prüfer: Richtig. Wie gehen Sie als Richter denn generell mit Sachanträgen um?

Kandidat: Ich bin grundsätzlich an die Parteianträge gebunden, § 308 Abs. 1 ZPO. Trotzdem sind die Anträge als Prozesshandlungen der Ausle-gung fähig. Es kommt also nicht auf den Wortlaut an, sondern auf den dahinterstehenden Willen. Dem Kläger geht es hier ersichtlich darum, dass der Beklagten die Kosten auferlegt werden.

Prüfer: So ist es. Könnten Sie den Antrag des Klägers als Klagerücknahme auslegen?

Kandidat:	Dann müsste diese zur Folge haben, dass der Beklagten die Kosten aufzuerlegen sind. Grundsätzlich muss der Kläger bei einer Klagerücknahme die Kosten tragen, soweit nicht abweichende prozessrechtliche Kostenregeln eingreifen, § 269 Abs. 3 S. 2 ZPO. Etwas anderes gilt gemäß § 269 Abs. 3 S. 3 ZPO, wenn der Anlass zur Einreichung der Klage vor Rechtshängigkeit weggefallen ist. Ein „Wegfall" setzt denklogisch voraus, dass ein Anlass zu einem früheren Zeitpunkt einmal bestand, was hier nicht der Fall war, da ein Pflichtteilsanspruch nie bestand. Es kommt deshalb nur eine analoge Anwendung in Betracht.
Prüfer:	Und liegen die Voraussetzungen für eine Analogie vor?
Kandidat:	Wir haben eine planwidrige Regelungslücke, weil der Gesetzgeber in den §§ 91 ff. ZPO den Fall nicht geregelt hat, dass eine Klage nie aussichtsreich war, der Kläger sie aber dennoch erheben durfte. Die Interessenlage ist vergleichbar, da der Kläger in beiden Fällen Veranlassung zur Klage hatte und ein Bedürfnis für eine Billigkeitsentscheidung des Gerichts besteht.
Prüfer:	Was entspricht denn in unserem Fall „billigem Ermessen"?
Kandidat:	Insoweit ist vor allem zu berücksichtigen, ob die Beklagte sich mit der Auskunftserteilung in Verzug befand, § 286 BGB. Dem Kläger stand aus § 2314 Abs. 1 S. 1 BGB ein fälliger und durchsetzbarer Anspruch auf Auskunftserteilung zu. Er hat die Beklagte vorgerichtlich erfolglos zur Auskunft aufgefordert, ohne dass diese sich gemäß § 286 Abs. 4 BGB exkulpiert hätte. Die Erhebung einer Stufenklage stellt eine adäquate Verzugsfolge dar. Insbesondere war der Kläger nicht gehalten, zunächst nur auf Auskunft zu klagen, da das Gesetz mit § 254 ZPO ja gerade gestattet, neben der Auskunft sogleich auf Leistung zu klagen.
Prüfer:	Sehr schön. Wäre denn eine Rücknahme des Zahlungsantrags dem Kläger ohne weiteres möglich?
Kandidat:	Ja, es bedarf keiner Zustimmung der Beklagten gemäß § 269 Abs. 1 ZPO, weil über den Zahlungsanspruch noch nicht verhandelt wurde. Bei der Stufenklage wird über jede Stufe gesondert verhandelt und entschieden.
Prüfer:	Richtig. Fällt Ihnen noch eine Möglichkeit neben der Klagerücknahme ein, wie der klägerische Antrag ausgelegt werden könnte?
Kandidat:	Als Feststellungsantrag, dass die Beklagte verpflichtet ist, die Kosten des Rechtsstreits zu tragen. Dies stellt eine gemäß § 264 Nr. 2 ZPO zulässige Klageänderung dar. Dem Kläger steht unter dem Gesichtspunkt des Verzugs ein materiell-rechtlicher Kostenerstattungsanspruch zu.

Prüfer:	Schön. Sehen Sie im Hinblick auf die gerichtliche Entscheidung Unterschiede zwischen einer Kostenentscheidung nach § 269 Abs. 3 S. 3 ZPO und einer Feststellungsklage?
Kandidat:	Bei § 269 Abs. 3 S. 3 ZPO erfolgt nur eine summarische Prüfung, das ergibt sich aus dem Wortlaut „unter Berücksichtigung des bisherigen Sach- und Streitstandes nach billigem Ermessen", der identisch mit dem des § 91a ZPO ist. Hingegen muss das Gericht bei einer Feststellungsklage eine umfassende rechtliche Prüfung vornehmen.
Prüfer:	So ist es. Aus diesem Grunde bejaht die neuere Rechtsprechung auch in Fällen, in denen der Kläger einen Kostenantrag nach § 269 Abs. 3 S. 3 ZPO stellen könnte, trotzdem das Rechtsschutzbedürfnis für eine Kostenerstattungsklage.

Vertiefungshinweise

Der Fall ist angelehnt an die Entscheidung des BGH NJW 1994, 2895. Zur Frage der Erledigung nach Herausgabe in der Zwangsvollstreckung: BGH NJW 2014, 942.

Zur Erledigung allgemein:	*Knöringer* JuS 2010, 569; *Huber* JuS 2013, 977; *Klawonn/Rohner* JuS 2019, 22. Mit aktueller Rechtsprechung zur Erledigung und Klagerücknahme befasst sich *Büßer* JA 2015, 689. Zur Abgrenzung von Klagerücknahme und Erledigungserklärung: *Becker* JuS 2018, 1050
Zur Stufenklage:	*Schäuble* JuS 2011, 506 und *Kellermann-Schröder* JuS 2015, 998; *Huber* JuS 2019, 1057
Zum Erfüllungseinwand in der Zwangsvollstreckung:	BGH NJW 2005, 367
Zur Zulässigkeit einer Kostenerstattungsklage trotz Möglichkeit eines Kostenantrags nach § 269 Abs. 3 S. 3 ZPO:	BGH NJW 2013, 2201

Fall 13
Aus für den Hundesalon?

Materielles Recht:	Mietrecht (Kündigung, Minderung)
Prozessrecht:	Präklusion, Versäumnisurteil (Einspruch, Anträge)

Prüfer: *Sie sind Anwalt/Anwältin. Am 18.11.2019 kommt ein Mandant zu Ihnen, mitgebracht hat er eine Klageschrift.*

„Sie müssen mir helfen. Mein Vermieter hat mir die Kündigung des Mietvertrages erklärt und jetzt beantragt er vor dem Landgericht Berlin die Räumung und Zahlung rückständiger Miete. Ich habe von ihm ein zweistöckiges Haus in Berlin Mitte gemietet. Im Erdgeschoss betreibe ich mit seiner Zustimmung einen Hundesalon, das andere Stockwerk bewohne ich. Ich habe seit drei Monaten keine Miete gezahlt, das stimmt. Allerdings dachte ich, dazu berechtigt zu sein, weil sich in unserer Wohnung Schimmel gebildet hat und mein Vermieter nichts dagegen unternimmt, obwohl ich ihn davon sofort in Kenntnis gesetzt habe. Ich hoffe, dass Sie noch etwas unternehmen können, mir wurde die Klageschrift mit einer Aufforderung, anzuzeigen, wenn ich mich verteidigen will, schon am 31.10.2019 zugestellt, sie ist bei mir allerdings in Vergessenheit geraten, weil in unserem Hundesalon gerade so viel zu tun ist. Ich will auf jeden Fall eine Räumung verhindern, schließlich läuft der Salon dort sehr gut und die Vierbeiner und ihre Herrchen brauchen uns doch."

Können Sie noch etwas unternehmen?

Kandidat: Hier könnte die Frist zur Anzeige der Verteidigungsbereitschaft versäumt worden sein. Sie beträgt zwei Wochen nach Zustellung der Klageschrift, § 276 Abs. 1 S. 1 ZPO. Gemäß § 222 Abs. 1 ZPO, § 187 Abs. 1 BGB begann die Frist am 1.11. zu laufen und endete gemäß § 188 Abs. 2 BGB am 14.11. Eine rechtzeitige Anzeige ist daher nicht mehr möglich.

Prüfer: Wie wäre es denn, wenn der Mandant selbst innerhalb der Frist dem Gericht seine Verteidigungsbereitschaft angezeigt hätte?

Kandidat: Dann wäre die Frist ebenfalls verstrichen, weil vor dem Landgericht Anwaltszwang besteht, § 78 Abs. 1 S. 1 ZPO. Da dem Mandanten die Postulationsfähigkeit fehlt, wäre die Prozesshandlung unwirksam.

Prüfer: Und welche Rechtsfolgen zieht die Fristversäumung nach sich?

Kandidat:	Es sieht so aus, als würde hier Präklusion drohen …
Prüfer:	Vorsicht, nicht so schnell. Welchen Antrag wird denn der Kläger in seiner Klageschrift neben den beiden Hauptanträgen noch gestellt haben?
Kandidat:	Einen Kostenantrag wohl nicht, weil ein solcher Antrag überflüssig ist, § 308 Abs. 2 ZPO. Aber einen Antrag auf Erlass eines Versäumnisurteils für den Fall, dass die gesetzlichen Voraussetzungen vorliegen.
Prüfer:	Richtig. Und unter welchen Voraussetzungen ergeht ein solches im schriftlichen Vorverfahren?
Kandidat:	Das regelt § 331 Abs. 3 ZPO. Der Beklagte muss die Frist zur Anzeige der Verteidigungsbereitschaft versäumt haben, der Kläger einen Antrag auf Erlass eines Versäumnisurteils stellen, die Klage muss zulässig und schlüssig sein und es dürfen keine Versagungsgründe entgegenstehen.
Prüfer:	Richtig. Das Gericht hat ein Versäumnisurteil noch nicht erlassen. Was können Sie als Anwalt unternehmen?
Kandidat:	Ich kann den Erlass eines Versäumnisurteils noch verhindern, wenn die Anzeige der Verteidigungsbereitschaft noch bei Gericht eingeht, bevor das unterschriebene Urteil der Geschäftsstelle übermittelt ist, § 331 Abs. 3 S. 1 ZPO.
Prüfer:	Richtig. Wie machen Sie das in der Praxis?
Kandidat:	Um keine Zeit zu verlieren, übersende ich die Verteidigungsanzeige vorab per Fax an die Geschäftsstelle und sende das Original mit der Post hinterher.
Prüfer:	So ist es. Wie wäre es, wenn der Mandant zwar rechtzeitig seine Verteidigungsbereitschaft angezeigt, aber die Frist zur schriftlichen Klageerwiderung versäumt hätte?
Kandidat:	In diesem Fall könnte der Mandant mit verspätetem Vorbringen präkludiert sein gemäß den §§ 296 Abs. 1, 276 Abs. 1 S. 2 ZPO.
Prüfer:	Welchem Zweck dient denn der § 296 ZPO?
Kandidat:	Der Beschleunigung des Verfahrens. Die Parteien sollen durch die drohende Sanktion zu rechtzeitigem und vollständigem Vorbringen angehalten werden, um das Verfahren möglichst zügig abzuschließen.
Prüfer:	Können Sie sich vorstellen, welches Recht der Parteien dazu in einem Spannungsverhältnis steht?
Kandidat:	Ihr Anspruch auf rechtliches Gehör, Art. 103 Abs. 1 GG.

Prüfer:	Richtig. Worin unterscheidet sich der Anwendungsbereich der Absätze 1 und 2 des § 296 ZPO?
Kandidat:	Absatz 1 setzt die Versäumung einer Frist voraus. Wenn lediglich die allgemeine Prozessförderungspflicht verletzt wurde, ist Absatz 2 einschlägig.
Prüfer:	Was sind „Angriffs- und Verteidigungsmittel" im Sinne des § 296 ZPO?
Kandidat:	Da kann man die Aufzählung in § 282 Abs. 1 ZPO heranziehen. Erfasst sind Behauptungen, Bestreiten, Einwendungen, Einreden, Beweismittel und Beweiseinreden.
Prüfer:	Angenommen, in der verspäteten Klageerwiderung bestreitet unser Mandant Anfang Dezember den Vortrag des Klägers und bietet Zeugen an. Der Termin zur mündlichen Verhandlung ist für Anfang Januar angesetzt. Ist der Mandant mit seinem Bestreiten präkludiert?
Kandidat:	Das Bestreiten und die angebotenen Beweismittel stellen Verteidigungsmittel dar. Diese hat der Mandant erst nach Fristablauf vorgebracht. Ihre Zulassung dürfte auch die Erledigung des Rechtsstreits verzögern, da der Prozess bei Berücksichtigung des Vorbringens länger dauern wird als bei dessen Zurückweisung. Die Voraussetzungen des § 296 Abs. 1 ZPO scheinen also erfüllt zu sein …
Prüfer:	Weshalb könnten hiergegen Bedenken bestehen?
Kandidat:	Wir haben ja gerade schon festgestellt, dass die Präklusion eine recht strenge Sanktion ist, weil sie das rechtliche Gehör einschränkt. Vor dem Hintergrund erscheint mir diese Sanktion nur gerecht, wenn allein das Verhalten der Partei für die Verzögerung ursächlich ist. Es darf also kein mitursächlicher Fehler des Gerichts vorliegen. Das Gericht muss vielmehr bei der Vorbereitung des Termins alles ihm Zumutbare tun, um eine Verzögerung zu verhindern.
Prüfer:	Richtig. Können Sie das auch an einer Norm festmachen?
Kandidat:	§ 273 Abs. 1 ZPO.
Prüfer:	Was bedeutet das für unseren Fall?
Kandidat:	Das Gericht muss die Zeugen noch zum Termin laden, § 273 Abs. 2 Nr. 4 ZPO. Verletzt das Gericht diese Prozessförderungspflicht, darf das Vorbringen nicht unberücksichtigt bleiben.
Prüfer:	Angenommen, die Klageerwiderung geht erst einen Tag vor der mündlichen Verhandlung bei Gericht ein und das Gericht möchte deshalb den Vortrag zurückweisen. Wie macht es das in der Praxis? Erlässt es einen Beschluss?
Kandidat:	Nein, die Zurückweisung erfolgt erst in den Urteilsgründen.

Prüfer:	Richtig, allerdings muss das Gericht bereits zuvor einen Hinweis gemäß § 139 ZPO geben, damit unser Mandant Gelegenheit hat, die Verspätung möglicherweise zu entschuldigen. Ich bilde den Fall noch einmal weiterGegen unseren Mandanten ist ein Versäumnisurteil ergangen. Dieses wurde ihm am 1.11. zugestellt, der Gegenseite am 5.11. Wie gehen Sie vor?
Kandidat:	Ich prüfe, ob ein Einspruch gegen das Versäumnisurteil zulässig, also insbesondere fristgerecht möglich wäre. Die Frist beträgt 2 Wochen ab Zustellung des Urteils, § 339 Abs. 1 ZPO. Bei einem Versäumnisurteil im schriftlichen Vorverfahren ist die zeitlich letzte Zustellung maßgeblich, weil die Zustellung die Verkündung ersetzt, § 310 Abs. 3 S. 1 ZPO. Die Frist begann daher am 6.11. und endet gemäß §§ 222 Abs. 1 ZPO, 187 Abs. 1, 188 Abs. 2 BGB mit Ablauf des 19.11., sodass ein Einspruch noch fristgerecht möglich ist.
Prüfer:	Richtig. Wie prüfen Sie weiter?
Kandidat:	Ich komme dann zur Begründetheit des Einspruchs.
Prüfer:	Vorsicht, eine solche gibt es nicht. Welche Folge hat der zulässige Einspruch?
Kandidat:	Der Prozess wird in die Lage versetzt, in der er sich vor Eintritt der Versäumnis befand, § 342 ZPO. Ich prüfe also die Zulässigkeit und Begründetheit der Klage.
Prüfer:	So stimmt es. Wie sieht es mit der Zulässigkeit der Klage aus?
Kandidat:	Problematisch ist meines Erachtens die sachliche Zuständigkeit des Landgerichts Berlin. Bei Wohnraummietverhältnissen sind streitwertunabhängig ausschließlich die Amtsgerichte zuständig, § 23 Nr. 2a GVG. Hier haben wir es mit einem Mischmietverhältnis zu tun, weil unser Mandant das Erdgeschoss gewerblich nutzt und in dem anderen Stockwerk wohnt, die Vermietung aber durch einen einzigen Vertrag erfolgt. In diesen Fällen ist grundsätzlich darauf abzustellen, welche Nutzungsart überwiegt.
Prüfer:	Warum spalten wir das Mischmietverhältnis nicht einfach gedanklich in zwei Verträge auf?
Kandidat:	Das liefe der von den Parteien gewollten rechtlichen Einheit des Vertrags zuwider. Sonst hätten sie ja direkt zwei Verträge abschließen können.
Prüfer:	Das lässt sich gut hören. Und wo sehen Sie vorliegend den Schwerpunkt der Nutzung?
Kandidat:	Man könnte argumentieren, dass für den Mandanten die gewerbliche Nutzung überwiegt, weil er dadurch ja erst seinen Lebensunterhalt bestreitet. Andererseits dürfte die Wohnung für den Mandanten

| | als Mittelpunkt seiner privaten Lebensgestaltung mindestens genauso wichtig wie das Geldverdienen sein … |

Prüfer: Abseits von diesen generellen ErwägungenWelche Indizien könnten in Einzelfall zur Ermittlung des Schwerpunktes herangezogen werden?

Kandidat: Vielleicht das Verhältnis der unterschiedlich genutzten Flächen. Und die im Vertrag einzeln ausgewiesenen Teile der Miete.

Prüfer: Schön. Angenommen, Miete und Fläche sind für beide Nutzungsarten gleich. Wie verfahren Sie dann?

Kandidat: In diesem Fall ist wegen des Schutzbedürfnisses des Mieters im Zweifel ein Wohnraummietvertrag anzunehmen. Insbesondere im Falle einer Kündigung ist der Mieter dann ja besser geschützt.

Prüfer: So macht es auch die Rechtsprechung. Was bedeutet das für unseren Fall?

Kandidat: Dass das Landgericht Berlin sachlich unzuständig ist. Auf Antrag wird das Gericht den Rechtsstreit an das Amtsgericht Berlin Mitte verweisen, § 281 Abs. 1 S. 1 ZPO.

Prüfer: Kann das Amtsgericht Mitte denn einwenden, aus seiner Sicht läge ein gewerbliches Mietverhältnis vor, und den Rechtsstreit zurückverweisen?

Kandidat: Nein, das Gericht ist an die Verweisung gebunden, § 281 Abs. 2 S. 4 ZPO. Ausnahmen werden nur bei Willkür oder offensichtlichem Irrtum gemacht.

Prüfer: So ist es. Wie sieht es mit der Begründetheit der Klage aus?

Kandidat: Der Räumungsanspruch aus § 546 Abs. 1 BGB setzt eine wirksame Beendigung des Mietverhältnisses voraus. Hier kommt eine Kündigung gemäß §§ 543 Abs. 1, Abs. 2 S. 1 Nr. 3a, 569 Abs. 3 BGB in Betracht. Dafür müsste der Mandant mit der Mietzahlung in Verzug gewesen sein. Dies setzt voraus, dass der Kläger einen fälligen, durchsetzbaren Anspruch auf Mietzahlung hatte. Der Anspruch könnte infolge automatischer Minderung erloschen sein gemäß § 536 Abs. 1 BGB. Der Schimmelpilzbefall stellt ja eine negative Abweichung der Ist- von der Soll-Beschaffenheit und damit einen tauglichkeitsmindernden Mangel dar.

Prüfer: Richtig. Was muss ein Mieter ferner beachten, wenn er Mietminderung geltend machen möchte?

Kandidat: Er muss den Mangel dem Vermieter unverzüglich anzeigen, § 536c Abs. 1, Abs. 2 S. 2 Nr. 1 BGB. Dies hat unser Mandant nach eigener Aussage auch getan.

Prüfer:	So ist es. Unterstellen Sie, dass er dies notfalls auch beweisen könnte. Ist dadurch bereits ein Verzug ausgeschlossen?
Kandidat:	Wahrscheinlich nicht, weil der Mangel wohl nicht zu einer Minderung um 100 % berechtigt, sondern nur zu einem geringeren Anteil.
Prüfer:	Kommt es denn auf diese Frage wirklich an? Vielleicht gibt es ja neben dem Erlöschen des Anspruchs infolge Minderung noch eine weitere Einwendung oder Einrede, die unserem Mandanten zugutekommt?
Kandidat:	Die Einrede des nichterfüllten Vertrags, § 320 BGB, die die Durchsetzbarkeit der Forderung insgesamt hindert. Dem Mandanten steht ja ein Anspruch auf Beseitigung des Schimmels aus § 535 Abs. 1 S. 2 BGB zu. Dieser steht mit dem Anspruch auf Mietzahlung in einem Gegenseitigkeitsverhältnis.
Prüfer:	Kann diese Einrede denn neben der Minderung bestehen?
Kandidat:	Ja, soweit der Anspruch auf Mietzahlung nicht infolge Minderung erloschen ist, ist er nicht durchsetzbar. Minderung und Zurückbehaltungsrecht sind nebeneinander anwendbar, da sie unterschiedlichen Zwecken dienen einmal der Abgeltung des Minderwerts der Mietsache und im anderen Fall der Druckausübung gegenüber dem Vermieter, damit dieser den Mangel beseitigt.
Prüfer:	Ist denn für die Geltendmachung des Zurückbehaltungsrechts auch von einer Mängelanzeige gegenüber dem Vermieter abhängig?
Kandidat:	In § 536c Abs. 2 S. 2 BGB ist § 320 BGB nicht aufgeführt …
Prüfer:	Sie haben doch gerade gesagt, dass § 320 BGB ein Druckmittel des Mieters gegenüber dem Vermieter ist. Ergibt sich daraus etwas?
Kandidat:	Solange dem Vermieter der Mangel nicht bekannt ist, kann das Zurückbehaltungsrecht seine Funktion, Druck auf den Schuldner auszuüben, nicht erfüllen. Nur bei Kenntnis vom Mangel ist der Vermieter in der Lage, die für ihn nachteiligen Folgen des Zurückbehaltungsrechts zu verhindern, indem er den Mangel beseitigt.
Prüfer:	Richtig. In unserem Fall kommt es auf dieses Problem allerdings nicht an, weil eine Mängelanzeige ja unverzüglich erfolgt ist. Zu welcher Schlussfolgerung kommen wir?
Kandidat:	Unser Mandant befand sich mit der Mietzahlung nicht in Verzug, sodass das Mietverhältnis nicht wirksam durch Kündigung beendet wurde. Die Klage ist damit auch hinsichtlich des zweiten Antrags auf Zahlung rückständiger Miete unbegründet, da der Anspruch zum Teil erloschen und im Übrigen nicht durchsetzbar ist.
Prüfer:	Genau, wobei ich noch ergänzen möchte, dass überwiegend davon ausgegangen wird, dass ein Mieter monatlich den 3–5-fachen Minderungsbetrag zurückbehalten darf. Wir unterstellen mal, dass hier

	letztlich kein durchsetzbarer Anspruch übrig bleibt. Wie gehen Sie vor? Was für Anträge stellen Sie?
Kandidat:	Ich lege namens und in Vollmacht des Mandanten Einspruch gegen das Versäumnisurteil ein und beantrage, das Versäumnisurteil aufzuheben und die Klage abzuweisen.
Prüfer:	Haben Sie nicht noch einen Antrag vergessen?
Kandidat:	Ich muss noch die einstweilige Einstellung der Zwangsvollstreckung aus dem Versäumnisurteil gemäß den §§ 719, 707 ZPO beantragen, und zwar ohne Sicherheitsleistung, § 719 Abs. 1 S. 2 ZPO.
Prüfer:	Richtig. Es ist zwar umstritten, ob hierfür zusätzlich noch die Voraussetzungen des § 707 Abs. 1 S. 2 ZPO erfüllt sein müssen, aber darauf wollen wir hier nicht näher eingehen. Was wird das Gericht später beachten müssen, wenn es über die Kosten urteilt?
Kandidat:	Grundsätzlich muss der Beklagte die durch die Säumnis verursachten Kosten tragen, § 344 ZPO, auch wenn er letztlich obsiegt. Dies gilt aber nur, wenn das Versäumnisurteil in „gesetzlicher Weise" ergangen ist. Daran fehlte es vorliegend, weil die Klage ja unzulässig war. Der Kläger trägt damit alle Kosten.
Prüfer:	Richtig. Da der Kläger unterliegt, kommt es daneben auf den § 281 Abs. 3 S. 2 ZPO nicht mehr an, der ihm im Falle seines Obsiegens die durch die Anrufung des unzuständigen Gerichts entstandenen Mehrkosten auferlegt hätte.

Vertiefungshinweise

Zu Umfang und Höhe des Zurückbehaltungsrechts neben der Minderung: BGH NJW 2015, 3087.

Unterlassene Mängelanzeige und Zurückbehaltungsrecht:	BGH NJW-RR 2011, 447
Zu verspätetem Vorbringen:	*Stackmann* JuS 2011, 133
Zum Versäumnisurteil:	*Jarsumbek/Stadler* JuS 2006, 34 und 134, *Huber* JuS 2013, 18 und JuS 2015, 985
Aktuelle Rechtsprechung zu Mischmietverhältnissen:	JuS 2014, 1034
Zur Frage der Räumung von Gewerberäumen nach § 940a Abs. 2 ZPO:	OLG Celle NJW 2015, 711
Weiterführender Fall zum Minderungsrecht:	BGH NJW 2011, 514

Fall 14
Wo ist der Grabstein?

Materielles Recht:	Gefälligkeit, Verwahrungsvertrag, Haftungsprivilegierung, Abzug „neu für alt", Aufrechnung
Prozessrecht:	eventuelle Unmöglichkeit der Herausgabe einer verwahrten Sache und prozesstaktisches Vorgehen

Prüfer:

Sie sind Anwältin/Anwalt. Zu Ihnen kommt ein Mandant und schildert folgenden Fall:

„Es geht um einen Grabstein meiner Familie. Ich musste 2017 die Grabanlage meiner Urgroßeltern abbauen, weil die Liegezeit für das Grab abgelaufen war. Dazu gehörte auch ein 30 Jahre alter Grabstein aus Marmor, der die Inschrift „Grabstätte der Familie Hase" trägt. In unserer Familie waren sich alle einig, dass ich den Stein behalten darf. Ich habe dann überlegt, wo ich den Stein lagern könnte. Ich habe einen entfernten Bekannten, den Herrn Fuchs. Der ist Geschäftsführer bei der Firma Steingut GmbH. Er hat mir angeboten, dass ich den Stein zur Steingut GmbH bringen und dort lagern kann, bis klar ist, ob und wo ich den Stein verwenden möchte. Ich bin dann also zum Betriebsgelände der Steingut GmbH gefahren, habe dort auch meinen Bekannten Herrn Fuchs angetroffen und durfte den Stein im hinteren Bereich des Geländes ablegen.

In diesem Jahr ist meine Mutter verstorben. Ich wollte den Grabstein wieder abholen, um ihn auf dem Grab meiner Mutter aufzustellen, und bin deshalb wieder zur Steingut GmbH gefahren. Diese hatte aber ihr altes Betriebsgelände aufgegeben und einen neuen Standort ein paar hundert Meter weiter in derselben Straße eröffnet. Zusammen mit Herrn Fuchs habe ich dann einen halben Tag damit verbracht, nach dem Grabstein zu suchen, ohne Erfolg. Herr Fuchs konnte mir nicht sagen, wo der Grabstein geblieben ist. Er meinte, bei Schließung des alten Standortes hätten sie ein paar eigene Grabsteine entsorgt, vielleicht sei versehentlich auch mein Grabstein darunter gewesen."

Haben Sie noch weitere Fragen an den Mandaten?

Kandidat:

Ich würde noch fragen, worin genau das Interesse des Mandanten liegt und ob er Herrn Fuchs noch einmal ausdrücklich, am besten sogar schriftlich und unter Fristsetzung zur Herausgabe des Grabsteins aufgefordert hat.

Prüfer:	Gut, darauf antwortet der Mandant Ihnen Folgendes „Ich möchte in erster Linie den Grabstein zurückbekommen. Wenn das nicht geht oder die Steingut GmbH sich weiter weigert, will ich stattdessen Geld haben. Ich habe Herrn Fuchs schon schriftlich zur Herausgabe des Grabsteins aufgefordert, aber er hat nur erwidert, dass es ihm nicht möglich ist und dass es sich ja sowieso bloß um einen Gefallen gehandelt habe." Wie gehen Sie jetzt vor?
Kandidat:	Ich prüfe zunächst, ob dem Mandanten ein Anspruch auf Herausgabe des Grabsteins gegen die Steingut GmbH zusteht. Ein solcher könnte sich aus § 695 S. 1 BGB ergeben. Dann müssten die Parteien einen Verwahrungsvertrag geschlossen haben.
Prüfer:	Kennen Sie eine spezielle Form des Verwahrungsvertrages? Denken Sie daran, dass wir es auf der Gegenseite mit einer GmbH zu tun haben…
Kandidat:	Es gibt den handelsrechtlichen Lagervertrag, § 467 HGB. Auch dieser setzt jedoch voraus, dass die Parteien sich über eine Verwahrung einig geworden sind.
Prüfer:	Und, sind sie es?
Kandidat:	Der Mandant hat den Grabstein auf das Betriebsgelände der GmbH gebracht, wo er im Einvernehmen mit dem Geschäftsführer verblieb. Hierin liegt eine konkludente Einigung, den Grabstein für den Mandanten aufzubewahren. Fraglich ist aber, ob die Parteien mit Rechtsbindungswillen gehandelt haben. Es könnte eine bloße Gefälligkeit vorliegen.
Prüfer:	Nach welchen Kriterien beurteilen Sie dies?
Kandidat:	Entscheidend ist nicht der innere Wille, sondern es kommt darauf an, wie sich das Verhalten der Parteien bei Würdigung aller Umstände einem objektiven Beurteiler darstellt. Zu würden sind die wirtschaftliche und rechtliche Bedeutung der Angelegenheit, vor allem für den Begünstigten, ferner Art, Grund und Zweck der Gefälligkeit, sowie die Interessenlage. Eine vertragliche Bindung liegt nahe, wenn der Begünstigte sich erkennbar auf die Zusage verlässt und die Angelegenheit für ihn eine erhebliche Bedeutung hat, insbesondere wegen des Wertes der anvertrauten Sache.
Prüfer:	Wie beurteilen Sie dies in unserem Fall?
Kandidat:	Gegen eine bloße Gefälligkeit spricht, dass es sich hier um ein Betriebsgelände handelte und dass unser Mandant auch nach außen hin sein Interesse deutlich gemacht hat, den Grabstein, der ja einen tatsächlichen und ideellen Wert für ihn hatte, eines Tages wieder zu erlangen.

Prüfer:	Gut. Können Sie noch ein anderes Argument finden? Wie wäre es, wenn unser Mandant der GmbH ein Entgelt für die Einlagerung gezahlt hätte?
Kandidat:	Unentgeltlichkeit schließt eine rechtliche Verbindlichkeit nicht aus, aber eine Gefälligkeit setzt begrifflich Unentgeltlichkeit voraus.
Prüfer:	Das lässt sich gut hören. Haben wir es hier denn mit einer unentgeltlichen Verwahrung zu tun? Denken Sie dran, dass Sie bereits in das Handelsgesetzbuch geschaut hatten…
Kandidat:	Nach § 354 Abs. 1 HGB könnte hier eine Vermutung für die Entgeltlichkeit der Verwahrung sprechen. Dann müsste die Einlagerung in Ausübung eines Handelsgewerbes stattgefunden haben. Der Geschäftsführer der GmbH war gemäß § 35 Abs. 1 S. 1 GmbHG zur Vertretung der GmbH berechtigt. Er hat bei Entgegennahme des Grabsteins eine eigene Willenserklärung im Namen der GmbH abgegeben.
Prüfer:	Woraus schließen sie das? Er hat das ja nicht ausdrücklich erklärt.
Kandidat:	Das Offenkundigkeitsprinzip des § 164 Abs. 1 S. 2 BGB ist unternehmensspezifisch zu handhaben: Wer beim Abschluss eines Rechtsgeschäfts erkennbar unternehmensbezogen handelt, handelt im Zweifel im Namen des – sei es auch ungenannten – Trägers des Unternehmens. Aus den gesamten Umständen, insbesondere dem Ort und dem Inhalt des Rechtsgeschäfts, konnte die Erklärung des Geschäftsführers nur so zu verstehen sein, dass er im Namen der GmbH gehandelt hat.
Prüfer:	Gut. Haben wir es denn jetzt mit einem Handelsgewerbe zu tun?
Kandidat:	Die GmbH ist Formkaufmann, § 13 Abs. 3 GmbHG i.V.m. § 6 Abs. 1 HGB. Bei der Frage, ob die Entgegennahme des Grabsteins zum Betrieb des Handelsgewerbes der GmbH gehört, könnte die Vermutung des § 344 Abs. 1 HGB helfen…
Prüfer:	Brauchen wir diese denn hier überhaupt? Sie haben doch gerade festgestellt, dass der Geschäftsführer hier nicht im eigenen Namen gehandelt hat, sondern für die GmbH…
Kandidat:	Ein privater Charakter des Geschäfts ist wohl ausgeschlossen, wenn es um die Erklärung einer GmbH geht. Dann liegt zwingend ein Handelsgewerbe vor.
Prüfer:	Richtig. Zu welchem Ergebnis kommen Sie nun?
Kandidat:	Da das Geschäft zum Handelsgewerbe der GmbH gehörte, gilt die Vermutung der Entgeltlichkeit der Einlagerung, § 354 Abs. 1 HGB. Diese Vermutung ist nicht widerlegt und schließt damit die Annahme eines Gefälligkeitsverhältnisses aus. Unser Mandant kann also

	die hinterlegte Sache gemäß § 473 Abs. 1 S. 1 HGB jederzeit zurückfordern.
Prüfer:	Gibt es denn keine Kündigungsfrist?
Kandidat:	In § 473 Abs. 1 S. 2 HGB ist eine einmonatige Kündigungsfrist beim auf unbestimmte Zeit geschlossenen Lagervertrag vorgesehen. Diese dürfte aber nach Wortlaut und Systematik das jederzeitige Herausgaberecht aus Satz 1 nicht berühren, sondern nur zur Folge haben, dass der Einlagerer bis zum Wirksamwerden der Kündigung weiterhin die vereinbarte Vergütung des Lagerhalters schuldet.
Prüfer:	Richtig. Lassen Sie sich von mir nicht „auf's Glatteis" führen. Besteht also der Herausgabeanspruch?
Kandidat:	Der Anspruch könnte infolge Unmöglichkeit erloschen sein, § 275 Abs. 1 BGB. Die Beweislast für die Unmöglichkeit trägt der Schuldner. Das genaue Schicksal des Grabsteins ist ungeklärt. Verbleibende Zweifel gehen daher zulasten der GmbH. Eine nur eventuelle Unmöglichkeit der Herausgabe führt nicht zum Erlöschen des Anspruchs auf Herausgabe.
Prüfer:	Richtig. Wie gehen Sie als Anwalt damit um, dass für unseren Mandanten ungewiss ist, ob die Herausgabe des Grabsteins erfolgen wird?
Kandidat:	Das ist bei der Antragstellung zu berücksichtigen. Es ist nach §§ 255, 259, 510b ZPO vorzugehen. Der Mandant ist primär an der Herausgabe des Grabsteins interessiert. Nur Schadensersatzansprüche wegen Unmöglichkeit einzuklagen würde dem Mandanteninteresse daher nicht gerecht werden und zudem wäre dies für den Mandanten mit Unwägbarkeiten behaftet, da die Unmöglichkeit der Herausgabe des Grabsteins nicht feststeht. Die Beweislast für die Voraussetzungen des § 283 BGB trägt der Gläubiger. Genau vor diesen Unwägbarkeiten wollen §§ 255, 259 ZPO den Kläger schützen.
Prüfer:	Gut. Liegen die Voraussetzungen des § 259 ZPO vor?
Kandidat:	Für die Besorgnis der Nichterfüllung des Schadensersatzanspruchs genügt es, wenn der Schuldner den Anspruch ernsthaft bestreitet. Dies hat der Geschäftsführer der GmbH in seinem an den Mandanten gerichteten Schreiben getan.
Prüfer:	Welche Anträge stellen Sie dann vorliegend?
Kandidat:	Erstens einen Antrag auf Herausgabe des Grabsteins, zugleich ist für die Herausgabe des Grabsteins eine Frist zu beantragen, deren Länge in das Ermessen des Gerichts gestellt werden sollte. Außerdem beantrage ich Schadensersatz für den Fall erfolglosen Fristablaufs.

Prüfer:	Richtig. Stellen Sie die beiden letztgenannten Anträge ohne eine Bedingung?
Kandidat:	Nein, diese Anträge sollten nur für den Fall gestellt werden, dass der Herausgabeantrag begründet ist, sogenannte unechte Hilfsanträge.
Prüfer:	Prima. Was ist nämlich, wenn der Herausgabeantrag schon vor Rechtshängigkeit unbegründet ist, weil eine Beweisaufnahme vor Gericht das behauptete anfängliche Unvermögen der GmbH tatsächlich bestätigen sollte?
Kandidat:	Dann würde der Herausgabeantrag wegen § 275 Abs. 1 BGB als unbegründet abgewiesen werden. Auch die zwingend auf einem erfolgreichen Herausgabeantrag beruhenden weiteren Anträge auf Fristsetzung und zukünftigen Schadensersatz würden in diesem Falle abgewiesen bzw. bei Formulierung als unechte Hilfsanträge gar nicht berücksichtigt werden.
Prüfer:	Was tun Sie also, um sich dagegen abzusichern?
Kandidat:	Ich muss zusätzlich noch im Wege eines echten Hilfsantrags für den Fall, dass der Herausgabeantrag wegen Veräußerung oder Abhandenkommens oder Untergangs der Sache vor Rechtshängigkeit unbegründet ist, die Verurteilung zur Zahlung des Erlöses bzw. von Schadensersatz beantragen.
Prüfer:	Sehr gut. Steigen wir noch einmal in die materiell-rechtliche Prüfung ein. Steht unserem Mandanten ein Anspruch auf Schadensersatz gegen die GmbH zu, falls diese den Grabstein innerhalb einer vom Gericht zu bestimmenden Frist nicht herausgibt?
Kandidat:	Ein Schadensersatzanspruch könnte sich aus §§ 280 Abs. 1 und 3, 283 BGB ergeben. Die Pflichtverletzung läge in der unterbliebenen Herausgabe des Grabsteins innerhalb der gesetzten Frist. Das Verschulden der GmbH bzw. ihrer Organe wird vermutet, § 280 Abs. 1 S. 2 BGB.
Prüfer:	Welcher Haftungsmaßstab gilt denn hier?
Kandidat:	Grundsätzlich haftet ein Schuldner für Vorsatz und Fahrlässigkeit, § 276 Abs. 1 S. 1 BGB. Eine Haftungsprivilegierung könnte sich aus § 690 BGB ergeben. Dann wäre die Haftung beschränkt auf grobe Fahrlässigkeit, d.h. die GmbH hätte nur für diejenige Sorgfalt einzustehen, welche sie in eigenen Angelegenheiten anzuwenden pflegt.
Prüfer:	Ist die Privilegierung denn auch beim handelsrechtlichen Lagergeschäft anwendbar?
Kandidat:	Ja, wegen § 347 Abs. 2 HGB.
Prüfer:	Und greift die Privilegierung hier ein?

Kandidat:	Nein, es fehlt ja schon an einer unentgeltlichen Verwahrung. Außerdem trägt die GmbH zur Sorgfalt in eigenen Angelegenheiten nur vor, dass sie die eigenen Grabsteine bei Aufgabe des Betriebsgeländes entsorgt hat. Damit kann sie sich hinsichtlich des Umgangs mit fremden Grabsteinen nicht entlasten.
Prüfer:	Kann man der GmbH vielleicht noch einen weiteren Vorwurf machen? Denken Sie daran, mit wem Sie es hier zu tun haben…
Kandidat:	Die GmbH wäre nach § 468 Abs. 2 S. 1 Nr. 1 HGB verpflichtet gewesen, den Grabstein des Mandanten zu kennzeichnen, da es sich bei dem Mandanten um einen Verbraucher handelt. Hiergegen wurde offensichtlich verstoßen.
Prüfer:	Richtig. Zu welchem Ergebnis kommen Sie?
Kandidat:	Die GmbH hat diese naheliegenden Überlegungen nicht angestellt und dasjenige nicht beachtet, was jedem hätte einleuchten müssen, sodass ein Fall von grober Fahrlässigkeit vorliegt, der die Berufung auf Sorgfalt in eigenen Angelegenheiten ausschließt. Ein Schadensersatzanspruch besteht also dem Grunde nach.
Prüfer:	Gut. Ich erweitere den Sachverhalt. Angenommen, der Geschäftsführer der Steingut GmbH hat unserem Mandanten noch Folgendes geschrieben„Unterstellt, dass Ihnen ein Anspruch auf Schadensersatz zustünde, steht uns jedenfalls ein Anspruch auf Vergütung für die Verwahrung des Grabsteins zu, mit dem wir die Aufrechnung erklären."
Kandidat:	Der Anspruch des Mandanten könnte dann gemäß § 389 BGB erloschen sein. Dafür müsste eine Aufrechnungslage im Sinne des § 387 BGB bestanden haben. Die GmbH müsste ihrerseits einen Anspruch gegen unseren Mandanten haben. Eine Vergütung haben die Parteien nicht ausdrücklich vereinbart. Wir hatten ja vorhin nur aus § 354 Abs. 1 HGB eine Entgeltlichkeit hergeleitet.
Prüfer:	Und woraus könnten Sie jetzt den Anspruch herleiten?
Kandidat:	Entweder aus dem Verwahrungsvertrag oder aus § 354 Abs. 1 HGB direkt.
Prüfer:	Richtig. Handelt es sich denn bei § 354 Abs. 1 HGB um eine Anspruchsgrundlage?
Kandidat:	Der Wortlaut ist nicht ganz eindeutig. Die Worte „ohne Verabredung" könnte man einerseits auf die Einigung über den Vertrag als Ganzes beziehen, dann läge wohl eine gesetzliche Anspruchsgrundlage vor. Andererseits könnte man die Worte nur auf die Entgeltlichkeit beziehen, dann wird nur die fehlende Einigung über die Entgeltlichkeit kompensiert. Die Formulierung „kann … fordern" spricht wohl eher für eine Anspruchsgrundlage als für die bloße Ersetzung einer im Vertrag fehlenden Entgeltabrede.

Prüfer:	Kennen Sie vergleichbare Regelungen im BGB?
Kandidat:	Ja, §§ 612 Abs. 1, 632 Abs. 1, 689 BGB.
Prüfer:	Richtig. Erkennen Sie hier eine andere Systematik als im HGB?
Kandidat:	Die Normen im BGB folgen jeweils unmittelbar auf eine Vorschrift, die eine vertragliche Anspruchsgrundlage normiert. Im Gegensatz dazu ist § 354 HGB nicht in einen vertraglichen Kontext eingebettet.
Prüfer:	Ja. Was ist der Sinn und Zweck der Regelungen im BGB?
Kandidat:	Sie dienen der Abgrenzung zwischen entgeltlichem und unentgeltlichem Vertrag.
Prüfer:	Was ist beim Handelsgewerbe anders?
Kandidat:	Hier wird es nur in Ausnahmefällen auf das Problem der Abgrenzung von entgeltlichem und unentgeltlichem Vertrag ankommen. Denn ein Kaufmann wird ja grundsätzlich nicht unentgeltlich für andere tätig. Wenn man § 354 Abs. 1 HGB also nur als Ersetzung einer fehlenden Entgeltabrede versteht, bliebe kaum ein Anwendungsbereich für die Norm. Die von ihr erfassten wenigen Fälle könnten auch durch den Rückgriff auf die genannten Normen des BGB gelöst werden. Es spricht daher vieles dafür, § 354 Abs. 1 HGB als gesetzliche Anspruchsgrundlage anzusehen.
Prüfer:	Sehr schön. Besteht ein Anspruch der Steinbruch GmbH gegen unseren Mandanten?
Kandidat:	Eine Vergütung für eine Verwahrung ist naturgemäß nur geschuldet für Zeiträume, in denen eine Sache tatsächlich verwahrt wurde, und nicht, sobald der Stein verschollen war. Diese Zeiträume hat die Steinbruch GmbH bislang nicht konkret benannt und wird dies vermutlich auch nicht tun können, da das genaue Schicksal des Steins ungeklärt ist. Es fehlt damit an einer Gegenforderung.
Prüfer:	Ja. Der Anspruch unseres Mandanten ist damit nicht erloschen. Wie sieht es mit der Schadenshöhe aus?
Kandidat:	Auszugehen ist vom Grundsatz der Naturalrestitution: Der Mandant ist so zu stellen, wie er ohne das schädigende Ereignis stünde, § 249 Abs. 1 BGB. Der Mandant hat ein Wahlrecht, ob er die Neuherstellung eines entsprechenden Grabsteins oder die Erstattung der Kosten hierfür verlangt.
Prüfer:	Wenn er nun die Kosten verlangt: Was müssen Sie als Anwalt tun und was tut das Gericht?
Kandidat:	Das Gericht ist gehalten, einen Mindestschaden zu schätzen, § 287 Abs. 1 S. 1 ZPO. Ich könnte für den Mandanten einen Kostenvoran-

schlag eines Steinmetzbetriebes für einen vergleichbaren Grabstein einholen und bei Gericht einreichen.

Prüfer:	Was wäre das prozessual?
Kandidat:	Es würde sich dabei nur um qualifizierten Parteivortrag handeln, welcher aber als Grundlage für eine gerichtliche Schätzung dienen könnte und die Einholung eines kostspieligen Sachverständigengutachtens vermeiden könnte.
Prüfer:	Gut. Muss unser Mandant sich noch etwas abziehen lassen, weil er ansonsten einen Geldbetrag für einen neuwertigen Grabstein erhält, obwohl der streitgegenständliche Grabstein schon 30 Jahre alt ist?
Kandidat:	Es könnte ein Abzug „neu für alt" vorzunehmen sein. Wird eine gebrauchte Sache durch eine neue ersetzt oder durch den Einbau von Neuteilen repariert, kann dies zu einer Werterhöhung führen, welche die Ersatzpflicht mindern kann. Der Gläubiger soll durch das schädigende Ereignis nicht bessergestellt werden als er ohne dieses stünde.
Prüfer:	Richtig. Was setzt ein solcher Abzug voraus?
Kandidat:	Ein Abzug „neu für alt" setzt eine messbare Vermögensmehrung voraus, die sich für den Geschädigten wirtschaftlich günstig auswirkt. Außerdem muss die Vorteilsausgleichung dem Geschädigten zumutbar sein.
Prüfer:	Wie beurteilen Sie dies hier?
Kandidat:	Einerseits haben Grabsteine nach menschlichen Maßstäben eine praktisch unbegrenzte Lebensdauer. Jedoch erfahren sie auch eine Wertminderung durch Verwitterung und Verschmutzung. Dies könnte dafür sprechen, dass das Gericht eine Vorteilsausgleichung vornehmen könnte. Wie hoch diese ausfallen würde, kann nicht prognostiziert werden. Man könnte sich an dem Betrag orientieren, der für eine jährliche Reinigung des Grabsteins durch einen Fachbetrieb anfallen würde, d.h. etwa einen sehr niedrigen zweistelligen Betrag pro Jahr.
Prüfer:	Was klagen Sie also ein?
Kandidat:	Da die genaue Schadenshöhe letztlich von richterlicher Schätzung abhängig ist, dürfte es wegen § 92 Abs. 2 Nr. 2 ZPO kostenrechtlich unschädlich sein, den vollen, im Kostenvoranschlag genannten Betrag einzuklagen. Auch im Falle eines Teilunterliegens unseres Mandanten wegen eines Abzugs „neu für alt" kann das Gericht dann der Beklagten die gesamten Kosten auferlegen, wenn sich die Abweichung vom klägerischen Antrag als verhältnismäßig geringfügig darstellt.

Vertiefungshinweise

Der Fall basiert auf dem Urteil des OLG München vom 8.8.2018, Az. 7 U 4106/17, abgedruckt in NJW-RR 2018, 1245.

Der Unvermögensfall in der zivilrechtlichen Anwaltspraxis:	*Kaiser* NJW 2014, 3497
Zur Rechtsnatur des § 354 Abs. 1 HGB:	BeckOK HGB/*Lehmann-Richter*, 26. Ed. 15.10.2019, § 354 HGB Rn. 2-4
Kostenrecht für Referendare:	*Lahusen/Ritter* JA 2017, 127

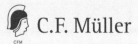

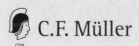